낭송

성종실록

낭송Q시리즈 조선왕조실록편 낭송 성종실록

발행일 2017년 10월 26일(丁酉年 庚戌月 丙戌日) | **풀어 읽은이** 고은주 |
펴낸곳 북드라망 | **펴낸이** 김현경 | **주소** 서울시 종로구 사직로8길 24 1221호(내수동, 경희궁의아침 2단지) |
전화 02-739-9918 | **이메일** bookdramang@gmail.com

ISBN 979-11-86851-66-1 04910 979-11-86851-62-3(세트) | 이 도서의 국립중앙도서관 출판시도서목록(CIP)은 서지정보유통지원시스템 홈페이지(http://seoji.nl.go.kr)와 국가자료공동목록시스템(http://www.nl.go.kr/kolisnet)에서 이용하실 수 있습니다.(CIP제어번호: CIP2017026216)

책으로 여는 지혜의 인드라망, 북드라망 www.bookdramang.com

낭송
Q
시리즈

조선왕조실록편
04

낭송
성종실록

고은주
풀어
읽음

티

▶낭송Q시리즈 조선왕조실록편 『낭송 성종실록』 사용설명서◀

1. '낭송Q'시리즈의 '낭송Q'는 '낭송의 달인 호모 큐라스'의 약자입니다. '큐라스'(curas)는 '케어'(care)의 어원인 라틴어로 배려, 보살핌, 관리, 집필, 치유 등의 뜻이 있습니다. '호모 큐라스'는 고전평론가 고미숙이 만든 조어로, 자기배려를 하는 사람, 즉 자신의 욕망과 호흡의 불균형을 조절하는 능력을 지닌 사람을 뜻하며, 낭송의 달인이 호모 큐라스인 까닭은 고전을 낭송함으로써 내 몸과 우주가 감응하게 하는 것이야말로 최고의 양생법이자, 자기배려이기 때문입니다(낭송의 인문학적 배경에 대해 더 궁금하신 분들은 고미숙의 『낭송의 달인 호모 큐라스』를 참고해 주십시오).

2. 낭송Q시리즈는 '낭송'을 위한 책입니다. 따라서 이 책은 꼭 소리 내어 읽어 주시고, 나아가 짧은 구절이라도 암송해 보실 때 더욱 빛을 발합니다. 머리와 입이 하나가 되어 책이 없어도 내 몸 안에서 소리가 흘러나오는 것, 그것이 바로 낭송입니다. 이를 위해 낭송Q시리즈의 책들은 모두 수십 개의 짧은 장들로 이루어져 있습니다. 암송에 도전해 볼 수 있는 분량들로 나누어 각 고전의 맛을 머리로, 몸으로 느낄 수 있도록 각 책의 '풀어 읽은이'들이 고심했습니다.

3. 최고의 양생법이자 새로운 독서법으로서의 '낭송'을 처음 세상에 알린 **낭송Q시리즈의 시즌 1**은 **동청룡·남주작·서백호·북현무편**으로 이루어져 있으며, 사계절의 기운을 담고 있는 것을 특징으로 합니다. 동청룡편에는 봄의 창조적 기운, 남주작편에는 여름의 발산력과 화려함, 서백호편에는 가을의 결단력, 북현무편에는 지혜와 상상력을 키울 수 있는 고요함을 품은 고전들이 속해 있습니다. 각 편 서두에는 판소리계 소설을, 마무리에는 네 편으로 나눈 『동의보감』을 하나씩 넣었고, 그 사이에 유교와 불교의 경전, 동아시아 최고의 명문장들을 배열했습니다.

▷ 동청룡: 『낭송 춘향전』, 『낭송 논어/맹자』, 『낭송 아함경』, 『낭송 열자』, 『낭송 열하일기』, 『낭송 전습록』, 『낭송 동의보감 내경편』

▷ 남주작 : 『낭송 변강쇠가/적벽가』, 『낭송 금강경 외』, 『낭송 삼국지』, 『낭송 장자』, 『낭송 주자어류』, 『낭송 홍루몽』, 『낭송 동의보감 외형편』

▷ 서백호 : 『낭송 흥보전』, 『낭송 서유기』, 『낭송 선어록』, 『낭송 손자병법/오자병법』, 『낭송 이옥』, 『낭송 한비자』, 『낭송 동의보감 잡병편 (1)』

▷ 북현무 : 『낭송 토끼전/심청전』, 『낭송 도덕경/계사전』, 『낭송 대승기신론』, 『낭송 동의수세보원』, 『낭송 사기열전』, 『낭송 18세기 소품문』, 『낭송 동의보감 잡병편 (2)』

4. **낭송Q시리즈 시즌 2**는 고전과 몸 그리고 일상이 조화를 이루는 훈련으로서의 낭송에 초점을 맞추었습니다. **샛별편**에는 전통시대의 초학자들이 제일 먼저 배우며 가장 오래도록 몸과 마음에 새겨놓은 고전을 담았고, 원문으로 읽는 **디딤돌편**은 몸으로 원문의 리듬을 익혀 동양 고전과 지유사새로 접속할 수 있는 힘을 키울 수 있도록 했습니다. 또 **민담·설화편**은 입에서 입으로 전해지는 낭송의 진수를 보여 주는 우리나라 각 지역의 옛날이야기들을 모았습니다.

▷ 샛별편: 『낭송 천자문/추구』, 『낭송 명심보감』, 『낭송 격몽요결』

▷ 원문으로 읽는 디딤돌편: 『낭송 대학/중용』

▷ 민담·설화편: 『낭송 경기도의 옛이야기』, 『낭송 경상북도의 옛이야기』, 『낭송 경상남도의 옛이야기』, 『낭송 제주도의 옛이야기』(강원·충청·전라도의 옛이야기들도 근간 예정)

5. 낭송Q시리즈 **조선왕조실록편**은 낭송Q시리즈 시즌 2의 연장으로, 조선 태조로부터 철종에 이르기까지 25대 472년간의 역사를 연월일 순서에 따라 편년체로 기록한 조선왕조실록을 낭송에 맞게 새롭게 엮었습니다. 낭송을 통해 역사 속 인물과 당대의 일상이 생생하게 살아 있는 역사 현장을 경험하게 되었으면 하는 바람을 조선왕조실록편에 담았습니다. 먼저 『낭송 태조실록』, 『낭송 태종실록』, 『낭송 세종실록』, 『낭송 성종실록』을 선보입니다.

6. 낭송Q시리즈 조선왕조실록편인 이 책 『낭송 성종실록』은 조선의 9대왕 성종이 재위한 1469년 11월부터 1494년 12월까지 25년 동안의 역사가 담긴 『성종실록』을 풀어 읽은이가 그 편제를 새롭게 해서 각색하고 엮은 것입니다.

차례

三 · 신진세력과 소인논쟁

四 · 성리학의 나라 조선, 뿌리내리다

五 · 떠들썩했던 왕실스캔들과 이런 일 저런 일

朝鮮王朝實錄

낭송
성종실록

머리말

조선의 봄날 성종시대를 만나다

1. 성종을 새롭게 발견하다

나는 역사를 좋아한다. 그런데 조선왕조실록 세미나를 하고 낭송집을 만들면서 그동안 내가 알고 좋아했던 역사라는 게 교과서와 TV드라마에서 본 것뿐이었다는 걸 깨닫게 되었다. 이 낭송집의 주인공 조선의 아홉번째 임금 성종成宗에 대해서도 마찬가지다. 교과서 속에서 성종은 『경국대전』을 반포하고 조선 전기의 제도와 문물을 완성한 왕이었고, 사극에서는 폐비 윤씨의 남편, 연산군의 아버지로 호랑이 같은 인수대비에게 쩔쩔매던 '마마보이'였다. 특별한 매력도 없고 존재감마저 미미한 그저 그런 왕이었다.

세미나를 통해 접속하게 된 조선왕조실록에는 태조부터 철종까지 25명의 임금이 다스린 조선왕조 472년의 역사가 담겨 있었다. 실록에는 그날그날 어떤 일이 벌어졌는지, 누가 어떻게 그 일들을 처리했는지, 그것에 대해서 어떤 평가가 이루어지고 있는지가 생생하게 기록되어 있다. 이런 실록에서 내가 만나게 된 성종은 유별난 공부벌레다. 정사를 돌보면서 많게는 하루에 4차례씩 경연을 했다. 경연은 왕이 신하들과 함께 유학 경전과 역사를 공부하는 자리이며 그 내용을 바탕으로 어떻게 해야 백성들을 잘 보살필 수 있는지 의견을 나누는 자리다. 호학군주로 이름

높았던 세종을 제외한 역대 왕들은 대체로 이런저런 핑계를 대며 경연을 멀리했다. 특히 태종은 거의 경연에 나가지 않았고 세조는 집현전을 없애며 경연을 아예 중지시키기까지 했다. 경연 횟수로만 봐도 성종은 타의 추종을 불허한다. 설민석은 『당신이 놓치고 있는 한국사』에서 성종을 '경연의 제왕'이라고 부르면서 이렇게 덧붙였다. "성종은 재위했던 25년 동안 무려 9,229회의 경연을 했습니다. 25년이면 9,125일이니까 하루도 거르지 않고 또 어떤 날은 하루에 두 번 꼴로 경연을 했다는 겁니다. (조선의 임금들 중에서) 경연 횟수 2위는 조선 후기 애민군주 영조인데 3,458회입니다. 그런데 영조의 재위기간은 51년입니다."

경연을 많이 하고 공부하기를 즐겼다는 것, 통치 시스템을 만들어 가는 데 있어서 많은 업적을 이룬 것, 부인과 자식들이 많았던 것까지. 성종은 조선 최고의 성군이라 불리는 세종과 많이 닮았다. 오죽하면 조선 중기 이후 간관들의 주 레퍼토리가 "세종대왕과 성종대왕의 예를 본받으소서~"였을까.

하지만 성종은 세종과는 다른 왕이었다. 일단 그 시대는 세종 때와는 사회경제적 조건 자체가 크게 달랐다. 세종의 시대는 건국 초기로 아직 사회경제적인 시스템이 자리 잡지 못한 상황이었고 변방의 혼란과 천재지변마저 끊이지 않았다. 반면 성종의 시대가 되었을 때 조선은 국가 시스템이 자리를 잡았고 생산력이 발달하면서 물심양면으로 풍족해진 진정한 태평성대였다. 그래서일까? 경연에 관한 기사만 봐도 세종 때는 신하들과 국정 운영을 위한 대책을 의논하는 내용이 많은 반면, 성종과 신하들은 성리학 이론에 대한 깊이 있는 토론을 하는 내용이 주를 이룬다. 세종의 시대에 기본적인 뼈대가 만들어졌다면 성종의 시대에는 거기에 살이 붙으면서 조선이라는 나라의 정체성과 문화가 완성되고 있었다. 이 시대를 거치면서 철학적인 개념에서부터 신하들 사이의 소인논쟁, 백성들의 일상 풍습에 이르기까지 성리학적인 질서가 완전히 뿌리내리기 시작했다. 우리가 자주 들어 보았던 '성리학의 나라 조선'은 성종의 시대에 시작되었다고 해도 과언이 아니다.

똑같이 공부를 좋아했다고 할 수 있지만 성종과 세종의 공부 역시 차이가 있었다. 세종이 바쁘게 일하면서도 밤잠을 설쳐 가며 국가 운영에 필요한 역사와 기술 등 실용적인 공부를 해나갔다면 성종은 시와 그림을 사랑하는 예술가적 면모가 두드러지게 나타난다. 나라의 흥망성쇠를 나무에 비교해 본다면 태조가 심고 태종과 세종이 뿌리와 줄기를 튼튼히 만들어 놓은 조선이라는 나무가 성종의 시대에 잎사귀가 더욱 무성해지며 꽃을 피워 내기 시작했다고 할 수 있겠다. 봄이 한창 무르익은 화창한 5월을 닮은 조선 최고의 시절. 이 시대를 열어 나간 왕이 바로 성종이다.

게다가 성종은 정치를 할 때는 원칙을 지킬 줄 아는 왕이었고, 때로는 과감한 결단력을 발휘할 줄도 알았다. 이전에는 인수대비가 왕과 신하들 위에서 권력을 휘두르고 며느리인 윤씨를 폐비로 만들어 죽인 줄로만 알고 있었다. 그런데 『성종실록』을 읽어 보면 그와는 아주 다른 상황이 펼쳐지고 있다. 그 유명한 폐비 윤씨 사건은 인수대비가 아니라 성종이 주도했다. 물론 중전 윤씨를 폐비로 만든 일은 대왕대비 정희왕후의 결단에서 비롯된 것이었다. 그러나 사약을 내려 죽인 것은 세자(연산군)가 왕이 되었을 때 윤씨가 살아 있을 경우 발생할 혼란을 우려했기 때문이었다. 성종은 훗날 세자의 원망을 살까 두려워 윤씨를 감싸려는 신하들과 논쟁을 벌이고 끝까지 반대했던 신하들을 가두기까지 했다.

실제로 인수대비가 국정에 영향력을 행사하려고 했던 것은 성종 23년 금승법(도첩제를 폐지하고 승려가 되는 것을 금하는 법)에 반대하면서 불교를 옹호하려고 했을 때가 유일하다. 성종은 도첩제 폐지가 필요하다고 결심하고 금승법을 통과시켰지만 인수대비가 강력히 반발하자 한발 물러나는 듯한 태도를 보인다. 성종이 대비의 뜻이 완강하니 어쩔 수 없지 않느냐며 신하들을 도발하자 인수대비는 금승법을 지키려는 신하들과 직접 격돌하게 된다. 결국 인수대비는 대비의 정치개입 자체를 문제 삼는 신하들의 압박에 못 이겨 자신의 뜻을 꺾게 된다.

실록에서 새롭게 발견하게 된 성종은 가까운 사람 어느 누구에게도 휘둘리지 않았던 줏대 있는 남자, 무엇보다도 예술을 사랑하고 즐길 줄 아는 멋진 왕이었다. 그의 시대에는 또 어떤 일들이 벌어지고 있었을까? 실록이 들려주는 이야기 속으로 한 발 더 들어가 보자.

2. 『낭송 성종실록』의 구성

1부에는 성종의 인복을 보여 주는 기사들을 묶어 놓았다. 왕계 서열 3위에 고작 열세 살이던 소년이 왕이 된 것은 대신들과 왕실이 그를 지지했기 때문이었다. 마치 번갯불에 콩 볶듯 진행된 즉위 과정부터 참으로 이례적이다. 게다가 성종이 즉위하면서 조선 최초의 수렴청정이 시작된다. 나이 어린 왕과 수렴청정, 그리고 조정을 장악한 막강한 훈구대신들. 이런 상황은 왕을 허수아비로 만들어 버릴 수 있는 가능성을 내포하고 있었다. 하지만 왕실과 조정은 어린 임금의 버팀목이 되어 주었고 왕권을 안정시키는 데 기여했을 뿐 결코 선을 넘지 않았다. 이렇게 완벽한 후견을 주도했던 이는 할머니 정희왕후와 장인 한명회였다. 이들은 왕실과 조정을 아우르며 국정을 주도해 나갔다. 특히 강단 있는 성격에다 뛰어난 정치력을 발휘할 줄 알았던 정희왕후의 활약에 주목하시라. 수렴청정을 담당했던 시기는 물론이고 이후 숨을 거둘 때까지 명실상부한 왕실의 실세는 인수대비가 아니라 정희왕후였다. 성종시대 초중반까지 국정운영을 주도했던 한명회 역시 병권을 담당하며 전폭적인 신임을 받는다. 물론 성종이 본격적으로 자신의 정치를 시작하면서부터 그 권세는 내리막길을 걷게 된다.

2부에는 원칙주의자이자 학문과 예술을 사랑한 성종을 보여 주는 기사를 묶어 놓았다. 성종은 어려서부터 남들에게 휘둘리지 않고 시종일관 철저하게 원칙을 지켜 나가는 모습을 보여주었다. 왕이 쓰던 망건이 닳아서 구멍 났는데 기워서 다시 바치게 했다거나 흰 옷깃이 때가 타서 바랜 곳이 많았다는 기사에서 무엇보다 백성과 신하들에게 모범을 보이려 애썼던 성종의 모습을 엿볼 수 있다. 경연의 제왕이라 불리는 성종, 이때의 경연은 이전과는 확연히 다른 분위기에서 이루어졌다. 실록에는 늦은 밤까지 성리학 이론, 유학경전의 내용은 물론이고 군자와 소인에 대해 논하는 과정에서 나눈 대화가 빠짐없이 실려 있다. 그걸 읽다 보면 마치 놀이처럼 그 과정을 즐기는 성종과 신하들의 모습이 손에 잡힐 듯 생생하게 다가온다. 『성종실록』에는 유독 임금과 신하가 시를 지어 주고받았다는 기사가 자주 나온다. 임금이 시 짓기와 그림에 심취하는 모습을 보이자 신하들 중 일부는 문예에 탐닉하게 될까 염려하는 간언을 올리고 그림 그리게 하는 것도 멈추라고 만류한다. 하지만 성종은 그런 신하들을 논박하거나 때로는 협박까지 하면서 시 짓기와 그림 그리기를 계속해 나간다.

3부에는 성종이 본격적으로 자기 정치를 시작할 때에 관한 기사들을 묶어 놓았다. 성종이 권력을 장악하는 과정에서 가장 신경 쓴 게 과연 무엇일까? 유능한 인재를 길러 내고 새로운 인물을 발탁하는 것이었다. 조정의 기풍을 혁신하기 위해 여러모로 애쓰는 과정에서 김종직을 비롯한 신진사대부들이 대거 등장한다. 이때 조정에서는 성리학적 기풍이 자리 잡으면서 조선의 병폐 하면 떠오르는 당파싸움의 뿌리인 붕당朋黨의 씨앗이 뿌려진다. 잘못한 신하들을 '소인'이라고 공격하는 풍조가 시작된 것이다. '1차 소인논쟁'의 대상은 현석규였고, 그를 탄핵하는 데 앞장섰던 건 사헌부 지평 김언신이었는데 두 사람 모두 교과서나 드라마에서는 잘 볼 수 없던 신하들이다. 여하튼 현석규를 공격하는 김언신과 지켜 내려는 성종 사이에서 벌어진 치열한 설전의 기록이 1차 소인논쟁이다. 그리고 바로 다음해 임사홍을 둘러싼 '2차 소인논쟁'까지 이 시기 조정에서는 아주 기나긴 논쟁이 이어지고 있었다. 이것은 이후 정쟁이 벌어질 때마다 소인과 군자라는 프레임이 작동하게 되는 시발점이 된다.

4부에는 통치 시스템을 정비한 업적들과 일상적으로 성리학이 뿌리 내리게 되는 모습을 담은 기사들을 묶어 놓았다. 어떤 나라건 나라의 근간이 되는 제도들을 단번에 완성할 수는 없다. 새로운 제도와 시스템을 만들었다면 그것을 시행하면서 적절하게 보완해 나가는 작업이 필수적으로 뒤따르는 법이다. 『성종실록』의 기사를 읽어 보면 우리가 교과서에서 보았던 『경국대전』을 비롯한 성종의 통치 시스템 역시 하루아침에 뚝딱 이루어진 것이 아니라 여러 차례의 수정과 보완 과정을 거쳐 이루어졌다는 걸 알 수 있다. 성종의 치세를 거치면서 부녀자들에 대한 여러 규제, 재가 금지, 적서 차별 등이 확립되었다. 지역마다 달랐던 고유한 장사풍습 역시 풍속을 어지럽힌다는 이유로 금지되는 등 성리학적 질서가 백성들의 일상에까지 뿌리내리게 된다. 특이한 건 효행으로 소문난 사람을 임금이 불러서 직접 만나 보고 그 이야기를 들어주고 상과 관직을 내린 것을 기록한 기사였다. 그들이 나눈 대화가 궁금하다면 4부의 마지막 기사를 읽어 보시라.

5부에는 온 나라를 떠들썩하게 만들었던 왕실스캔들과 각종 사건 사고 기사들을 뽑아 묶어 놓았다. 성종시대를 대표하는 왕실스캔들은 훗날 연산군이 피바람을 일으키는 빌미가 된 폐비 윤씨 사건일 것이다. 어째서 그녀는 중전의 자리에서 두 번이나 폐위되었을까? 드라마에서처럼 단지 다른 여인들을 질투했기 때문에 쫓겨나고 죽게 된 것이 맞을까? 관련 기사에 나와 있는 폐비 윤씨의 말과 행동이 어떤 의미일까를 생각해 본다면 야심만만했던 그녀가 스스로 죽음을 자초한 측면이 있었다는 걸 발견하게 될 것이다. 그리고 당시 호사가들 입에 오르내렸을 법한 흥미로운 이야기들을 여기에 담았는데 예종의 아들이지만 왕이 되지 못했던 제안대군의 엽기적인 이혼과 재혼 스캔들, 민폐를 끼친 왕자와 공주들, 불교를 비호하며 신하들과 맞장 뜬 인수대비, 어을우동 간통 사건의 전모, 의혹을 숨기며 했던 가가 하를 당했던 기사 등이 실려 있다.

3. 드라마? 아니, 실록!

조선왕조실록에 남아 있는 당시 사람들이 했던 말과 행동을 직접 읽어 보면 드라마나 교과서에 보아왔던 내용과는 아주 다른 지점들을 발견하게 된다. 이렇게 낯설고 새로운 지점들을 발견할 수 있다는 것이 바로 실록을 직접 읽는 가장 큰 재미다. 『낭송 성종실록』을 엮으면서 실록 읽는 재미를 가장 크게 맛볼 수 있었던 것은 김종직 관련 기사에서였다. 『성종실록』에는 다른 실록에서는 잘 보이지 않는 '사신(사관)이 논평하기를'(史臣曰)이라는 문구로 시작되는 특별한 기술방식이 유난히 많이 쓰였다. 특히 성종 15년 8월 6일 세번째 기사에서는 "김종직을 도승지로 삼았다"라는 짧은 본문 밑에 아주 길고 자세한 사관의 평가가 덧붙여져 있다.

김종직은 학문과 문장이 뛰어나 성종이 특별히 우대한 신하였고 신진사대부들의 존경을 한몸에 받았다. 하지만 그런 김종직이라 해도 사관의 면도날 같은 평가를 피할 수 없었다. 아주 작은 잘못까지도 낱낱이 파헤쳐지고 그것에 관한 사관의 생각이 임금이 그를 우대했다는 사실과 함께 기사의 본문보다 훨씬 더 많은 양의 기록으로 남겨졌다. 드라마에서는 어떤 인물을 다룰 때 서사의 초점에 따라 그 인물이 가진 여러 가지 면모 중 일부분만 부각시키고 거기에 집중한다. 그러나 실록은 그렇지 않다. 임금이 평가하는 김종직과 사관이 평가하는 김종직은 서로 다른 얼굴을 가진 인물일 수 있는 것이다. 그 기록들을 통해서 보다 입체적이고 생생하게 역사 속 인물과 사건을 만나게 되는 것—이것이 우리가 실록을 직접 읽어 보아야 할 이유이고 드라마를 보는 것보다 실록을 읽는 게 훨씬 재미있는 까닭이다.

그래서 이 낭송집은 되도록이면 그날그날의 일을 기록한 실록 기사 그대로를 읽어 볼 수 있게 만들려고 애썼다. 하지만 낭송에 적합한 텍스트로 다듬기 위해서 기사의 일부분을 삭제하기도 했고, 하나의 기사를 여러 파트로 나누어 소제목을 달아 배치하기도 했다. 소인논쟁의 경우처럼 하나의 기사가 너무 긴 경우에는 아예 두 꼭지로 나누어 놓은 경우도 있다. 너무 어렵거나 잘 쓰이지 않는 단어들을 좀더 알기 쉬운 말로 바꾸었고, 의미를 명확하게 전달하기 위해 문장을 고치기도 했다.

* * *

실록을 낭송집으로 엮어 내보라는 아이디어를 주시고 세미나 참여를 권해 주신 우응순 선생님, 낭송집 목차를 짜는 것에서부터 실록 원문 하나하나를 꼼꼼하게 짚어 가며 지도해 주신 길진숙 선생님, 그리고 함께 작업했던 『낭송 실록』 멤버들이 아니었다면 『낭송 성종실록』은 이 세상에 나와 빛을 볼 수 없었을 것이다. 엮어 놓은 기사들을 읽고 다듬는 과정에서는 감이당과 남산강학원 여러 도반들에게 큰 도움을 받았다.

소중하고 고마운 인연의 관계망이 만들어 준 이 책을 많은 분들이 낭송하면서 또 다른 인연들을 열어 나가게 되길. 조선의 문화를 꽃 피운 성종과 그의 시대를 생생하게 경험하는 기쁨을 여러분들과 함께하게 되기를 바란다.

감이당 공부방에서

고은주

一 • 수렴청정의 시대, 정희왕후와 한명회

1-1. 후계 서열 3위, 왕위에 오르다

진시辰時: 오전 7시~9시에 예종睿宗이 돌아가시니 대비세조의 비 정희왕후가 내관에게 명하여 신숙주申叔舟와 도승지都承旨 권감權瑊을 궁으로 불러들였다. 한참을 슬피 울고 나서 정현조鄭顯祖와 권감에게 명하여 여러 원상院相: 조선시대 국왕의 정상적인 국정 수행이 어려울 때 재상들로 구성된 임시 국정 의논 관직들에게 두루 물었다.

"누가 상주喪主가 될 만한가?"

신숙주 등 여러 신하들이 일제히 아뢰었다.

"이 일은 신들이 감히 의논할 바가 아닙니다. 교지敎旨를 내려주시기를 원합니다."

대비가 말했다.

"원자元子는 지금 포대기에 싸여 있고, 월산군月山君은 본래 질병이 있다. 자산군者山君이 비록 나이는 어리지만 세조世祖께서 늘 그의 사람됨과 도량을 태조太祖께 견주기까지 하셨으니, 그를 상주로 삼으면 어떠한가?"

신숙주 등이 대답하였다.

"진실로 마땅합니다."

의논이 정해지자 신숙주가 최항崔恒과 더불어 같이 교서를 지어 올렸다. 군사를 보내어 자산군을 맞이하려고 했는데, 사람을 보내기도 전에 자산군이 부름을 받고서 이미 대궐 안에 들어와 있었다.

대비가 교지를 내려 말하였다.

"아, 하늘이 돌보지 않으시어 우리 왕가王家에 재앙이 내렸다. 세조대왕께서 오래도록 수壽를 누리지 못하시더니, 뒤를 이은 임금마저 애통해하다가 갑자기 병을 얻어 일어나지 못하게 되었다. 불행과 재난이 거듭되니, 고통과 슬픔을 말로 다 할 수 있겠는가.

임금의 자리는 잠시도 비워 둘 수 없다. 그런데 예종의 아들은 지금 포대기에 싸여 있고 본래 병이 있었다. 세조의 적손嫡孫으로는 의경세자懿敬世子의 두 아들만 남아 있다. 그 중 맏아들 월산군은 어릴 때부터 병이 많았다. 그 동생 자산군은 남달리 영리하고 조신하였으므로 세조께서 늘 그 자질과 도량이 특별히 뛰어나다고 말하면서 우리 태조께 견주기까지 하셨다. 또한 장성하면서 학문이 나날이 진보하니 큰일을 맡길 만하다. 대신들과 더불어 의논하였더니 그들도 입을 모아 '진실로 여러 사람이 희망하는 바입니다'라고 말하였다. 이에 자산군에게 왕위를 잇도록 하겠다. 하지만 국가의 존망을 깊이 생각하건대, 마음속에 염려하는 바를 떨치지 못하겠다. 그대 대소 신료들은 나의 뜻을 잘 받들어서 힘을 다하여 새 임금을 보좌하라. 아아, 슬프도다!"

교지를 듣고 모든 신하들이 나가니, 여러 원상들이 의논하여 아뢰었다.

"새 임금은 탈상한 다음에 즉위해야 하지만, 지금은 이와 같이 할 수 없습니다. 바로 즉위하여 민심을 안정시켜야 합니다."

이에 대비가 즉시 즉위하라는 전교를 내렸다.

예종이 돌아가신 날 신시申時: 오후 3시~5시에 새 임금이 면복冕服: 면류관과 곤룡포을 갖추고 근정문勤政門에 나아가 즉위하였고 문무백관이 조복朝服을 갖추고 하례賀禮를 올렸다.

_ 성종 즉위년(1469, 기축) 11월 28일

1-2. 수렴청정이 시작되다

신숙주 등이 대비정희왕후에게 수렴청정垂簾聽政하기를 청하였다. 대비가 전傳하여 말하였다.*

"내가 복이 없어서 자식을 잃는 흉사凶事를 당하였다. 별궁으로 옮겨 가서 물러나 있으려고 한다. 더구나 나는 문자를 몰라 정사政事를 제대로 돌보기가 어렵다. 이제 임금이 될 자산군의 어머니인 수빈粹嬪: 인수대비은 글을 알고 이치에 밝으니, 이를 감당할 만하다."

신숙주 등이 아뢰었다.

"온 나라의 신하들과 백성들은 대비께서 맡아 주시기를 소망합니다. 물리치지 마소서."

* 대왕대비가 수렴청정을 할 때 신하들에게 직접 말하지 않고 내관을 시켜 말을 전하게 했다.

대비가 거듭 사양하였다.

신숙주 등이 계속해서 청하고, 이어서 상소를 올렸다.

"신臣들이 생각하건대 하늘이 내린 슬픔과 재앙이 잇따라 세조께서는 오래도록 수壽를 누리지 못하셨고, 대행대왕大行大王: 예종께서도 갑자기 돌아가시게 되었습니다. 새로 왕이 될 자산군이 아직 어려서 신하들과 백성들은 우왕좌왕하면서 어찌할 바를 모르고 있습니다.

엎드려 청하건대, 자성왕대비慈聖王大妃: 정희왕후 전하께서는 슬픈 마음을 억누르시고, 종묘사직의 소중함을 깊이 생각하소서. 위로는 전례典禮를 생각하시고, 아래로는 백성들의 마음을 따라야 할 것입니다. 새 임금이 스스로 정사를 총괄할 때까지 국정을 보살펴 주소서."

대비가 이를 허락하였다.

_ 성종 즉위년(1469, 기축) 11월 28일

1-3. 철의 여인 정희왕후①—자신의 뜻을 관철시키다

원상院相 신숙주·한명회韓明澮·구치관具致寬 등이 대왕대비께 고기 반찬 드시기를 청하였다. 이에 전하여 답하였다.

"지금 내 몸이 튼튼하고 병이 없는데, 어째서 고기를 먹어야 하겠는가? 부득이 먹어야 한다면 대행왕大行王: 예종의 시신을 빈전殯殿: 발인할 때까지 시신을 모셔 두는 전각으로 옮긴 다음까지 기다리는 것이 좋겠다."

신숙주 등이 아뢰었다.

"한漢나라 이후부터 상제喪制는 하루를 한 달로 계산하여 27일이 지나면 상례를 마칩니다. 그 이후의 절차는 제례祭禮에 따릅니다. 아들이 아버지의 상을 치를 때에도 이와 같이 했습니다. 그런데 지금 대비께서는 아들의 상을 치르고 계시니 더 간소하게 하시는 것이 어떻습니까? 예문禮文을 상고해 보아도 이와 같고 이치를 따져 보아도 그러합니다.

더구나 대왕대비께서는 근래에 두 번이나 큰 슬픔을 당하셨습니다. 지금 비록 강녕하시더라도 어찌 소홀히 할 수 있겠습니까? 원컨대 종묘사직을 우선하시고 사사로운 감정을 억제하소서. 예에 따라 몸을 잘 보살피시고 새 임금을 지키소서."

이에 전하여 말하였다.

"내 마음이 편치 않아 따를 수 없으니, 다시는 말하지 말라."

신숙주 등이 이를 거듭 청하니, 다시 전하였다.

"내가 경들의 염려를 모르는 바 아니나 지금 궁에서는 제사를 지내고 있다. 곧 수륙재水陸齋: 물과 육지의 영혼을 극락으로 이끄는 불교의식를 베풀 것이니 그때를 기다려 그대들의 생각에 따르겠다."

하지만 임금이 신숙주 등에게 명하여 숭문당崇文堂: 대비가 정사를 보던 전각 문 앞에 나아가 다시 청하게 하였다.

대왕대비가 말하였다.

"경들이 내 말을 믿지 않고서 억지를 부리는구나. 만약 청하기를 그만두지 않는다면 머리털을 깎고 정업원淨業院: 도성 내에 있던 여승들의 암자으로 출가해 버리겠다. 그렇게 되면 누가 나를 다시 이 자리로 돌아오게 하겠는가?"

신숙주 등이 그제서야 물러갔다.

_ 성종 즉위년(1469, 기축) 12월 28일

원상 한명회·김국광과 여러 승지들이 아뢰었다.

"세 분 대비를 대왕대비, 인혜왕대비仁惠王大妃, 인수대비仁粹大妃로 높여 봉한 것은 나라의 큰일이고 신하들과 백성들 모두에게 경사입니다. 이처럼 높여서 봉한 뒤에는 성상께서 백관百官을 거느리고 세 대비전을 위해 잔치를 베풀어야 합니다. 의정부議政府, 육조六曹·충훈부忠勳府: 공신에 대한 포상을 맡아 보는 관아에서도 잔치를 열어야 합니다."

대왕대비가 전하여 답하였다.

"지금 백성들이 굶주리고 있으니, 잔치를 열어 먹고 마시는 것은 마땅치 않다."

한명회 등이 다시 아뢰었다,

"나라에 큰 경사가 있으니, 예에 따라 잔치를 열어야 합니다. 지금 잔치를 열지 않는다면 후세에서 어떻게 생각하겠습니까?"

이에 대왕대비가 다시 말하였다.

"경사가 있는데 잔치를 없애면 후세에 뒷말이 있을 거라고 한다. 하지만 흉년이 든 해에 백성들의 고통을 돌보지 않고 잔치를 즐긴다면 어찌 후세에 논란이 없을 것인가? 이번에 잔치를 열지 않은 잘못은 나에게 있지, 주상에게는 있지 않으니 다시는 말하지 말라."

_ 성종 2년(1471, 辛卯) 1월 5일

1-4. 철의 여인 정희왕후②—왕을 왕답게 준비시키다

대왕대비가 전하여 말하였다.

"오늘 경연經筵에서 시강관侍講官: 경연에서 강론을 담당한 관리이 음과 뜻을 분명하게 해석하지 못했다. 주상께서 처음 배우는 자리인데 이렇게 해서야 되겠는가? 앞으로는 오늘처럼 해서는 안 된다. 중요한 내용을 확실히 밝혀 가며 강론해야 한다. 승지承旨 정효상鄭孝常이 강의를 잘한다고 들었다. 그에게 이 일을 맡길 수는 없겠는가?"

신숙주가 아뢰었다.

"오늘 강론한 정자영鄭自英은 경서 공부가 무르익어서 본래는 강의를 잘합니다. 오늘은 처음으로 주상 전하와 함께하는 자리라서 시원스럽지 못했을 뿐입니다."

_ 성종 1년(1470, 경인) 1월 7일

대왕대비가 전하여 말하였다.

"세조께서 일찍이 대행왕大行王: 예종께 이르셨다. '글을 외우지 말라. 글을 외우면 기운을 상하게 된다.'

또 항상 주상과 월산대군을 볼 때마다 말씀하셨다. '책 읽기를 일삼지 마라. 책 읽기는 너희들이 서둘러야 할 것이 아니다.'

세조의 가르침이 이와 같으셨던 데다가 사람이 어릴 때는 글 읽기를 좋아하지 않는 법이다. 그래서 주상의 학문이 아직 미숙한 것이다.

그런데 지금 주강晝講: 정오에 하는 경연에서는 전날 배운 것을 복습하는데, 음音만 읽고 해석하지 않는다. 이로 인해 주상께서 완전히 이해 못하는 부분이 생길까 염려된다. 앞으로는 음과 해석을 모두 한 번씩 읽는 것이 어떠한가?"

원상 윤자운尹子雲과 도승지 이극증李克增이 대답하였다.

"전에 두 번 수업한 것*을 복습하면서 주해까지 해석하게 하면 성상의 몸이 피로하실까 염려됩니다. 본문만 해석하는 것이 좋겠습니다."

* 경연은 하루 세 번, 이른 아침에 하는 조강(朝講), 정오에 하는 주강(晝講), 저녁에 하는 석강(夕講)을 했다. 이때에는 석강과 조강에서 공부한 내용을 낮에 하는 주강에서 복습한 것으로 보인다.

대왕대비가 이를 허락하였다.

_ 성종 1년(1470, 경인) 1월 10일

대왕대비가 전하여 말하였다.

"요즘 해가 점차로 길어지니 석강夕講: 저녁에 하는 경연을 시작할 만하다. 항상 곁에서 모시는 관리들하고만 같이 있으면 무슨 유익함이 있겠는가? 대신을 자주 만나 보면 임금에게 필요한 충언을 많이 듣게 될 것이니, 이 또한 좋지 않겠는가?"

신숙주 등이 대답하였다.

"진실로 마땅합니다."

성종 1년(1470, 경인) 2월 16일

대왕대비가 흰 병풍을 승정원에 내리면서 전교하였다.

"경연관經筵官으로 하여금 권면하고 경계가 될 만한 일을 고사古事에서 찾아내 여기에 쓰도록 하라. 장차 어좌御座의 좌우에 세워 놓고 아침저녁으로 보면서 반성할 수 있게 할 것이다.

족간으로 엮은 책은 반드시 펼치고 나서야 볼 수 있지만, 병풍에 쓰면 항상 눈앞에 있으니 저절로 보게 될 것이다. 그렇게 되면 반드시 도움이 될 것이다."

_ 성종 1년(1470, 경인) 4월 1일

1-5. 철의 여인 정희왕후③—계유정난의 난제를 풀다

사헌부 대사헌大司憲 서거정徐居正 등이 상소를 올려 아뢰었다.

"이달 초5일 교지를 내려 정미수鄭眉壽를 돈령부敦寧府 직장直長으로 삼으셨습니다. 정미수는 정종鄭悰: 문종의 사위로 단종 초기에 두터운 신임을 받았으며 세조 때 반역을 도모하다 능지처참됨의 아들입니다. 정종이 반역죄를 지었으므로 그 자손은 속적屬籍: 족보에서 지워야 마땅합니다. 하지만 정미수는 그 어미인 경혜공주단종의 누이를 따라 성상 가까이에 있으니 법에 맞지 않습니다. 그런데 또 벼슬까지 제수하시니, 종묘사직을 존중하고 반역한 자를 징계하는 도리가 아닙니다. 엎드려 바라건대 정미수를 당장 파직하소서."

그러나 듣지 않았다.

_ 성종 4년(1473년, 계사) 4월 8일

대사헌 서거정 등이 거듭하여 상소를 올렸다.

"정미수의 관직을 거두라 청하였으나 허락을 얻지 못했습니다. 『춘추』春秋의 법에 '나라를 어지럽히는 신하를 베고 불효·불충한 자를 토벌하되 그와 함께하는 자들도 반드시 엄하게 다스린다'고 했습니다. 하물며 그 자손은 어떻겠습니까? 정미수의 아비 정종은 역모의 무리로 죽임을 당했습니다. 법조문을 상고하건대 '모반을 일으킨 반역자의 아들로 나이가 16세 이상이면 교형絞刑: 목 매달아 죽임에 처하고 15세 이하면 공신功臣의 집에 종으로 보낸다'고 했습니다. 정미수가 이제 나이를 먹었으니, 법에 따라 죄를 주는 것이 당연합니다. 그런데 죄를 주지는 못할망정 벼슬을 내리셔야 하겠습니까?

전하께서 내리신 교지에 이렇게 적혀 있었습니다. '세조께서 직접 예종으로 하여금 난신적亂臣籍: 반역자의 명단에서 부마 정종의 이름을 삭제하고 그 아들 정미수를 등용하라 당부하셨다.' 세조께서 아직 왕위에 오르시기 전에 여러 간신들이 반역하기를 도모했는데, 정종은 그 앞잡이였습니다. 그럼에도 세조께서 악한 무리에 가담한 죄를 너그럽게 용서하여 그 자손을 보전하라고 하셨습니다. 이는 족친을 사랑하는 마음으로 한 일이지 천하의 마땅한 도리는 아닙니다.

세조를 해치려 한 여러 간신들은 신하들과 백성들에게 있어

불공대천不共戴天의 원수입니다. 정종은 종묘와 사직에 죄를 지었으니, 이는 역대 임금 모두에게 죄를 지은 것이지 세조께만 죄 지은 것이 아닙니다. 이는 세조께서 마음대로 하실 수 없는 일입니다. 전하께서는 종묘사직을 이어 나갈 책임이 있으니, 더더욱 마음대로 처리하실 수 없습니다. 예로부터 아비가 반역의 죄를 지었을 때 그 책임이 자손에게 미치지 않은 적이 없었습니다. 이것을 깊이 생각하시어 정미수의 벼슬을 거두어 주소서."

이에 대왕대비가 전하여 말하였다.

"세조께서 예종에게 정종의 아들을 등용하라고 친히 명하셨고, 난신적에서도 그 이름을 삭제하게 하셨다. 이에 내가 주상께 고하여 벼슬을 내렸다. 다시는 말하지 말라."

_ 성종 4년(1473, 계사) 4월 9일

대왕대비가 전하여 말하였다.

"정미수에게 관직을 주는 일은 대간臺諫과 정승들까지 모두 반대하고 있다. 하지만 세조께서 예종에게 직접 말씀하셨다. '경혜공주의 아들 정미수를 내가 즉시 등용하고자 하나, 다만 나이가 어리기 때문에 하지 못한다. 뒤에 간하는 자가 있을지라도 너는 듣지 말고 반드시 그에게 관직을 내려 나의 뜻에 부응하도록 하라.' 이렇게 거듭 부탁하시고 예종에게 그 말씀을 받아

적도록 하셨다. 이때 경혜공주도 곁에서 이 이야기를 들었다. 세조의 유교遺敎가 이와 같기에 내가 주상께 고하여 정미수를 등용하게 한 것이다.

대간에서 회안군懷安君: 태조의 넷째아들 이방간. 2차 왕자의 난 이후 유배됨의 일을 근거로 정미수의 파직을 청하였다. 회안군의 일은 태종의 유교가 따로 없었기에 세종께서 등용하지 못한 것이 아니겠는가? 물론 그것을 확실히 알지는 못하겠다. 그러나 지금 정미수의 일은 사사로이 감싸는 것이 아니라 세조의 유교를 따르려는 것일 뿐이다. 어떻게 처리하면 좋겠는가?"

김질金礩 등이 아뢰었다.

"세조의 유교가 이와 같다면 신들이 어찌 감히 반대하겠습니까? 신들은 세조의 유교를 알지 못했습니다. 혹시 그 유지에 정미수를 일반적인 법에 따라 등용하라는 말씀도 있었습니까? 『대전』大典에 '공주의 아들에게 종7품을 준다'고 한 것은 일반적인 경우이지 죄를 범한 부마의 아들을 말하는 것은 아닙니다. 부마 정종은 이미 나라에 죄를 지었는데, 그의 아들 정미수에게 일반적인 예를 적용하여 종7품을 주는 것은 부당하지 않습니까? 청컨대 품계를 낮추어서 관직을 내리소서."

사관은 논평한다. "부마 정종은 세조 때에 죄를 지어 죽임을 당하였으므로 뒤를 이은 임금이 그 아들 정미수에게 관직을 내릴 수는 없는 일이다. 대간과 충훈부忠勳府에서 법에 의거해 반대했지만 받아들여지지 않은 것은 어째서인가? 아마도 세조께서 문종文宗을 이을 아들이 없음을 가엾게 여기고, 경혜공주에게 남은 아들을 측은히 여겨 이런 유지를 남겼을 것이다. 그러나 지난번부터 정희왕후가 두 번은 명을 받들어 세조의 유교 받들기를 힘써 주장하지 않았다면, 임금이 홀로 여러 사람들의 반대를 물리치고 정미수를 등용하기는 어려웠을 것이다. 아아! 훌륭하도다."*

_ 성종 4년(1473, 계사) 4월 11일

* 세조는 단종에게서 왕위를 물려받아 즉위하면서 문종의 사위 정종(鄭悰)을 귀양 보내고 세조 7년(1461) 10월 20일에는 대역죄로 죽인다. 하지만 같은 해 12월 14일에 세조는 경혜공주를 버려 두어서는 안 된다는 정희왕후의 조언을 듣고 이렇게 말했다. "정종의 처는 문종의 적녀(嫡女)이며, 죄가 없으니 살 집과 전답, 노비를 내려 주고자 한다. 또 금성대군 이유의 자녀에게도 은혜를 내려야 하겠다." 정희왕후의 뛰어난 정치 감각은 대신들과 대간들의 반대를 무릅쓰고 역적으로 몰려 죽은 정종의 아들에게 관직을 내리고, 단종의 부인을 돌보라는 명을 내린 데에서 빛을 발한다. 이런 조치가 있었기에 단종 폐위로 흉흉해진 민심을 수습할 수 있었고, 단종과의 의리를 지키겠다고 낙향한 사대부들과 생육신 문제를 조용히 덮고 지나갈 수 있게 되었다. 만일 세조의 정비였던 그녀가 적극적으로 나서 해결하지 않았더라면 이 문제들은 성종의 치세 내내 해결 불가능한 골칫거리가 되었을 것이다.

1-6. 철의 여인 정희왕후④—때가 되었으니 물러나겠다

대왕대비가 내관을 시켜 언문諺文: 한글 편지를 원상들에게 전하게 했는데, 그 뜻은 이러했다.

"내가 아는 것이 없지만 대신들이 청하고 주상께서 나이가 어리셔서 마지못해 정사를 돌보아 왔다. 지금은 주상께서 장성하고 학문도 성취되어 모든 일을 알맞게 결단할 수 있다. 더구나 정승과 육조, 대간이 있으니 내가 일찍부터 물러나려고 하였다. 그러나 갑작스럽게 중전中殿이 돌아가셨기 때문에 시일을 미루다 지금에 이르게 된 것이다.

여러 사람들은 '이 몸이 대비가 되었으니 무슨 근심이 있겠는가?' 생각하겠지만, 나는 세조와 주상을 욕되게 할까 두려워 마음 편할 날이 없었다. 내가 친인척들을 위해 어떤 일도 하지 않았건만 최개지崔蓋地의 익명서에서는 나의 잘못을 말하고 있으니, 더욱 마음이 불편하다.*

그동안 아주 작은 일일지라도 내가 보고 난 후에 주상께서 또 자세히 살펴보았다. 그 사이에 어찌 사사로운 감정이 개입할 수 있겠는가? 최개지는 내가 아녀자이기 때문에 친정식구들의 말을 함부로 들었다고 한다. 물론 내 노비의 잘못을 말하고 있지만 실상은 나를 지목하고 있는 것이다.

부모가 일찍 돌아가셨기에 나는 항상 친정식구들을 그리워했다. 그러나 서로 만나서는 옛날 친정집에 있었을 때의 즐거운 일을 이야기했을 뿐이다. 사사로이 부탁하는 일이 있더라도 내가 어찌 주상께 알렸겠는가? 예전에 세조께서 나를 생각하셔서 친족들에게 자주 벼슬을 내리셨는데 그때마다 내가 만류하였다. 그런 내가 수렴청정을 하는 이때에 사사로이 친족들을 기용하겠는가? 윤사흔尹士昕이 정승이 된 것도 주상의 명을 받은 것이며, 해당 관청에서 도량과 재주에 따라 그를 추천한 것이다. 만일 친족이라 하여 이를 모두 물리친다면 그 또한 잘못이 아니

* 11월 18일 승정원 문에 익명서가 붙었다. 거기에는 '강자평이 진주목사가 된 것은 대왕대비의 특명 때문이다'라는 내용과 '대왕대비의 남동생 윤사흔 등이 반역을 모의한다'는 내용이 있었다. 익명서를 붙인 자를 수소문하다 12월 10일 최개지가 노비 소송과정에서 대왕대비의 친정 식구들에게 원한을 갖게 되었고 최근 자신의 필적을 다른 사람에게 보이지 않으려고 한다는 권즙의 증언에 따라 최개지가 익명서의 작성자로 지목되었다.

겠는가.

하지만 백 번을 생각해 보아도 사사건건 나를 지목하여 배척하는 것은 내게도 잘못이 없다고 할 수 없다. 물난리와 가뭄이 있을 때마다 나의 부덕함에서 비롯된 것이 아닌가 두려워서 하루도 편히 잠들지 못했다. 게다가 작년에는 그 상황이 더욱 안 좋았으니 이제 내가 정치에서 물러나는 것이 좋겠다. 이에 물러나려는 사정을 경들에게 알린다."

임금이 원상들에게 말하였다.

"의지懿旨: 대비가 내리는 교지가 이와 같은데, 내가 그 뜻을 접으시기를 청해도 윤허하지 않으신다. 그대들이 청해 보도록 하라."

원상 한명회와 김국광이 함께 청하였다.

"오늘날의 태평한 정치는 대왕대비께서 돌보고 인도하신 데 힘입은 것입니다. 더구나 수렴청정하는 것은 고사故事에 있는 일인데 무엇이 문제이겠습니까? 더욱이 최개지와 같은 소인小人의 말에 어찌 흔들릴 수가 있겠습니까? 만약 지금 대왕대비께서 물러나신다면 종묘와 사직 그리고 만백성은 어찌되겠습니까?"

"경들에게 가부可否를 물으려는 것이 아니다. 다만 그대들에게 내 뜻을 알리려는 것일 뿐이다."

_ 성종 7년(1476, 병신) 1월 13일

대왕대비가 의정부議政府에 교지를 내렸다.

"나라의 모든 정무는 마땅히 임금 한 사람이 처리해야 한다. 간혹 임금에게 모후母后가 있어 정무에 참여하는 일이 있으나, 이것은 한때의 임시방편일 뿐이다.

주상께서 즉위하신 초기에는 어리셨기에 하늘이 주신 뛰어난 지혜를 갖추셨지만 오히려 겸손한 덕을 가지고 나를 높이셨다. 부족한 아녀자에게 의견이 없나 하지 않고 모든 시책과 조치를 먼저 묻고 나서 행하셨다. 조정 대신들 역시 고사故事에 의거하여 국가 대소사에 참여하라고 청하니, 내가 비록 그것을 감당할 만한 덕은 없었지만 어찌 나랏일에 마음을 쓰지 않을 수 있었겠는가?

이에 그만두지 못하고 힘써 따르려 했지만 나라를 다스리는 데에 도움이 되지 못하고 큰 흐름에 어긋남이 있었다. 그런 까닭에 매번 내게 정사를 물어 올 때마다 부끄러운 마음이 들었다. 물러나겠다고 말하고 여생을 편히 지내려고 마음먹은 지 오래되었다.

마침 주상이 장성하였고 군주가 갖추어야 할 학문도 이미 성취하였다. 모든 정무를 알맞게 결단함이 규정과 법도에 합치되니, 나와 같은 늙은 아녀자가 쓸데없이 간섭할 바가 아니다. 그런 까닭으로 지금으로부터 국가의 모든 정무는 내가 관여하지 않을 것이다. 백성들로 하여금 임금의 정치에 모두 의지하도록 하라. 나는 한가롭게 남은 날들을 보전하여 오래도록 태평성대를 보고자 할 뿐이다. 의정부에서는 이 뜻을 받들어서 중앙과 지방의 백성들이 모두 알아듣도록 널리 이르라."

_ 성종 7년(1476, 병신) 1월 13일

1-7. 권력의 정점 한명회①—탄핵 상소가 빗발쳐도 총애받다

사헌부 장령掌令 이맹현李孟賢이 다시 와서 아뢰었다.

"전에 김순성金順誠의 일*을 아뢰었더니 '김순성의 아내가 중병에 걸려 부임하지 못한다는 것은 정승 한명회가 말한 것이다'라고 하셨습니다. 신이 생각하건대 만약 말한 내용이 공적인 일에 관한 것이라면 정승이 이렇게 말하는 것은 문제될 것이 없습니다. 그러나 김순성은 부임지 평창平昌이 마음에 들지 않아서

* 성종 3년(1472) 병조정랑 김순성은 한성서윤이 되었다가 평창군수로 나가게 되자 아내의 병을 구실 삼아 아들을 시켜서 평창에 부임할 수 없다는 상소를 올렸다. 9월 15일에 사헌부 지평 서근(徐赾)이 그를 국문하기를 청했지만 임금이 들어주지 않았다. 12월 3일에는 사헌부 장령 허적(許迪)이, 12월 4일에는 이맹현이 같은 내용을 청하였다. 김순성을 탄핵하는 과정에서 12월 3일 한명회는 "김순성은 아내가 중병이 있어, 즉시 부임하지 못한다"고 아뢰었다. 성종 즉위 초반부터 병조판서를 겸하고 있던 한명회가 자기 휘하에 있었던 김순성을 감싸주었던 것이다.

정승에게 청탁한 것이니 이것은 잘못이며, 정승이 그의 청탁을 듣고 전하께 아뢴 것 또한 그릇된 일입니다. 두 사람 모두 죄주기를 청합니다."

이에 명하였다.

"정승이 먼저 아뢴 것이 아니라 내가 그에게 김순성의 일을 물었기에 대답한 것일 뿐이다. 그러니 정승을 죄주자는 간언을 이제 그만두어라."

이맹현이 한명회를 죄주어야 한다고 거듭 청하였으나 임금이 듣지 않았다.

_ 성종 3년(1472, 임진) 12월 6일

상당부원군上黨府院君 한명회가 아뢰었다.

"사헌부에서 김순성의 일로 신을 벌하라고 청한다니, 몸 둘 바를 모르겠습니다. 김순성은 일찍부터 신의 아랫사람으로 일해 왔습니다. 그의 처가 병들어 평창에 부임할 수 없음을 잘 알기에 아뢰었을 뿐, 어찌 다른 뜻이 있었겠습니까? 김순성은 처의 병이 낫기를 기다렸다 가려고 한 것이지, 평창이 궁벽하여 꺼린 것이 아닙니다. 그의 처가 병든 것은 저 혼자 아는 것이 아니고, 여러 사람이 함께 아는 것입니다. 어찌 없는 말을 아뢰었겠습니까?

'무엇이든 차고 넘치면 지키기가 어렵다'는 말이 있습니다. 주공周公은 성인聖人인데도 비방을 면치 못했습니다. 하물며 신과 같이 덕이 없는 자는 어떻겠습니까? 오랫동안 병권을 맡아 총애를 받으니 진즉부터 위태롭게 여기고 있었습니다.

이제 사헌부에서 탄핵하는 상소를 올리니, 신이 무슨 낯으로 병권을 다시 잡을 수 있겠습니까? 청컨대 병조판서兵曹判書에서 해임하여 논란을 막으소서."

이에 명하여 이맹현을 불러 물었다.

"김순성이 정승에게 청탁하는 것을 누가 보고 들었느냐?"

이맹현이 아뢰었다.

"신 등은 보고 들은 바가 없습니다. 다만 김순성이 청탁하지 않았다면 정승이 어떻게 그의 처가 병든 것을 알겠습니까? 신은 이로써 김순성이 청탁했음을 알았습니다. 정승이 사사로운 일을 가지고 간하는 것도 대신에게 어울리는 처신이 아닙니다. 청컨대 국문하게 하소서."

이에 임금이 물었다,

"정승 한명회에게 죄주자고 말한 자가 누구냐?"

이맹현이 아뢰었다.

"사헌부의 일은 모두 함께 의논하므로 한 사람이 한 것이 아닙니다."

그러자 다시 물었다.

"먼저 발언한 자는 누구냐?"

이맹현이 아뢰었다.

"같이 의논할 때에 누가 먼저 발언하였는지 알지 못하니, 신이 물러가 확인하고서 아뢰겠습니다."

임금이 명하였다.

"그리하라."

_ 성종 3년(1472, 임진) 12월 7일

사헌부 대사헌 권감權瑊이 아뢰었다,

"한명회를 죄주자고 청한 것은 신이 먼저 말한 것입니다."

뒤이어 집의執義 임사홍任士洪, 장령 이맹현, 지평持平 서근徐赾·김이정金利貞이 아뢰었다.

"비록 대사헌이 먼저 말했지만 사헌부 전체가 합의하여 아뢴 것입니다. 임금의 과실은 말하는 자가 많으나 재상宰相의 과실은 말하는 자가 적습니다. 만일 먼저 발언한 자를 찾으시면 직언直言을 중시하는 큰 뜻을 해칠 수 있어 예로부터 묻지 않았습니다. 이후로도 묻지 않으셨으면 합니다."

이에 원상에게 전하여 말하였다.

"대간이 작은 일로써 정승의 죄를 청한다면 정승들이 어찌 마음 편히 일할 수 있겠는가? 정승으로 하여금 말할 수 없게 한다면 깊은 궁궐에 있는 과인이 어떻게 백성들의 사정을 들을 수 있겠는가? 대간은 나의 귀와 눈이 되니 나라의 중대한 일이라면 말하는 것이 옳다. 하지만 이처럼 작은 일을 번거롭게 청하는 것이 옳겠는가? 대사헌이 먼저 발언하였다 하니 좌천左遷시키는 것이 어떠한가?"

원상 김국광金國光과 성봉조成奉祖가 아뢰었다.

"전하의 말씀이 맞습니다. 역대로 대간의 말이 잘못된 것이면 반드시 발언한 자에게 그 죄를 물었습니다. 이번에 사헌부에서 아뢴 것은 잘못된 것입니다."

이에 교지를 내렸다.

"사헌부의 관리들을 모두 좌천시켜라."

사관은 논평한다. "성상께서 어린 나이에 왕위에 올라 대신들과 더불어 치국治國의 도를 강론할 때 오직 대신의 말을 옳게 여기고 들어주셨다. 이제 한명회가 대간들에게 탄핵당하자 성상께서 먼저 발언한 자를 좌천시키니 이는 원로대신을 중히 여겼기 때문이다. 그러나 김국광·성봉조 등이 이렇게 되면 언로言路가 막힌다고 말하지 않고 오히려 역대의 전례라고 옹호했으니 무슨 뜻으로 이렇게 말하였는가? 사관은 알지 못하겠다. 김국광 등이 성상의 뜻에 맞추어 총애를 받으려고 한 것인가? 아니면 자신들도 문제시되어 끝내 대간들에게 공격당할까 두려워 미리 예방하려고 한 것인가? 그렇다면 이들은 한마디 말로써 나라를 망친 것이 아니겠는가? 장차 저 원상들을 어디에 쓰겠는가?"

_ 성종 3년(1472, 임진) 12월 8일

상당부원군 한명회가 와서 아뢰었다.

"사헌부의 관리들을 모두 좌천시키라 명하셨다고 들었습니다. 신이 생각하건대 간언을 하는 것은 사헌부의 임무입니다. 비록 임금의 잘못이라 하더라도 곧이곧대로 말하고 피하지 말아야 합니다. 그런데 이번에 말한 것은 신의 잘못을 지적한 것입니다. 이번 일로 인해 책임을 추궁받아 그들이 좌천된다면 후세에서 이를 어떻게 생각하겠습니까?"

왕이 답하였다.

"이미 좌천시켰으니 어찌 명을 바꾸겠는가?"

이에 대왕대비가 전교하였다.

"사헌부의 잘못이 세 가지 있다. 명백히 드러나지 않은 일을 가지고 대신에게 죄줄 것을 청하였고 주상이 거듭 죄줄 수 없는 이유를 말하며 타일렀음에도 끝내 고집하였다. 그것이 첫번째 잘못이다. 미미한 일을 가지고 억지로 청하였으니, 그것이 두번째 잘못이다. 또 주상이 먼저 발언한 자를 찾고자 물었을 때 사헌부에서 대답하지 않고 전례가 없는 일이라 하였으니, 그것이 세번째 잘못이다. 이 세 가지 잘못 때문에 주상이 그들 모두를 좌천시키라고 명한 것이다."

_ 성종 3년(1472, 임진) 12월 9일

1-8. 권력의 정점 한명회②—위기에서 빛난 계책

무산된 여진 정벌을 다시 청하다

상당부원군 한명회가 아뢰었다.

"신이 어제 통역관 최유강崔有江을 만나 서정西征: 여진 정벌*에 관한 일을 물었습니다. 그가 말하기를, '명나라 토벌대장 왕직汪直**은 그 수하에 군사가 매우 많습니다. 1만 5천 마리의 소를 가지

* 성종 10년(1479년) 명나라에서 조선의 힘을 빌려 건주위(建州衛: 만주 지역)에 있던 야인(野人: 여진족)을 정벌하려고 했다. 서정대장(西征大將) 어유소(魚有沼)가 1만 명의 군사를 이끌고 출병했으나 압록강이 얼지 않아 강을 건널 수 없어 회군하였다. 이에 다시 윤필상(尹弼商)을 서정대장으로 삼아 명나라를 돕게 해서 만주의 여진족을 무찌르는 큰 공을 세우게 된다.

** 왕직(汪直)은 명나라의 태감(太監)으로 무령후(撫寧侯) 주용(朱庸), 총병관(摠兵官) 한빈(韓贇), 광녕총병태감(廣寧摠兵太監)과 더불어 군사를 이끌고 건주위 야인들을 토벌하는 임무를 맡았다.

고 군량을 운반하여 오래 주둔할 생각을 갖고 있습니다. 산에 숨어 있는 적들이 저절로 죽기를 기다린 이후에야 돌아가려고 합니다'라고 했습니다. 그 말과 같다면 한 달 이상 진을 치고 있을 것입니다. 만일 우리나라에서 압록강의 얼음이 얼어붙지 않아 갈 수 없었다고 보고한다면 신뢰받지 못할 것입니다.

전하께서 성심으로 대국大國을 섬기시는데 한 가지 작은 일로 인해 중국의 의심을 받는다면 대의大義에 맞지 않습니다. 해산한 군대를 다시 모을 수는 없지만, 그 지역을 지키는 병사의 수가 또한 1만 명은 넘을 것입니다. 장수로 하여금 그들을 거느리고서 압록강을 건너갔다가 돌아오게 하소서. 그리한다면 적의 소굴을 공격하지 못하더라도 중국에 올리는 주문奏聞: 중국에 문서로 보고를 올리는 것은 근거를 갖추게 될 것입니다."

임금이 선정진에 나아가서 한명회를 불러 물으니 아뢰는 것이 처음과 같았다. 임금이 말하였다.

"정승의 말이 매우 옳다. 하지만 이미 군대를 해산해서 다시 징집할 수가 없으니, 어찌하면 좋겠는가?"

도승지 김승경金升卿이 아뢰었다.

"진실로 한명회의 말이 맞습니다. 비록 적의 소굴에 들어가지 않더라도 강을 건너갔다가 돌아오는 게 좋겠습니다."

좌승지 김계창金季昌과 우승지 채수蔡壽가 아뢰었다.

“이미 해산한 군대를 다시 일으켜 큰일을 벌이는 것은 좋지 않습니다.“

우부승지 노공필盧公弼이 아뢰었다.

“지금 날씨가 매우 춥고 눈이 쌓여 길이 막혔습니다. 들판에는 풀이 없어 말을 먹이기도 어려우니, 신이 보건대 군사를 다시 일으킬 수는 없습니다. 우리가 행한 바를 사실대로 보고하는 것이니 강의 얼음이 얼어붙지 않아 건너지 못했다고 주문을 올리더라도 무슨 해로움이 있겠습니까?”

임금이 말하였다.

“중요한 일이니, 조정에서 널리 의논하고자 한다.“

_ 성종 10년(1479, 기해) 11월 13일

논란 끝에 강을 건너지 않기로 하다

임금이 말하였다.

“의리義理로 따진다면 한명회의 말과 같이 해야 할 것이다. 하지만 지금과 같은 상황에서는 매우 어렵다.”

노사신이 아뢰었다.

“지금 날씨가 춥고 정강이가 빠질 정도로 눈이 쌓여서 길이 통하지 않습니다. 들판에는 풀조차 없어서 사람과 말이 모두 죽을 것이니, 정황상 부득이한 바가 있습니다. 또한 황제의 칙서에, '만약 도망해 숨는 자가 있으면 반드시 사로잡아서 바치도록 하라'고 했습니다. 이는 꼭 군사를 일으켜서 토벌하라는 말은 아닙니다. 지금 형세가 이와 같으니, 사실대로 알리는 것이 무엇이 해롭겠습니까? 신의 생각으로는 이번 일 때문에 황제가 사신을 보내 책망하지는 않으리라 확신합니다. 옛날에 원나라가 일본을 정벌할 때 우리 땅에 도착해서 군사를 요구했기에 고려 조정이 마지못해 따랐던 적이 있습니다. 하지만 지금은 그때와는 다릅니다."

한명회가 아뢰었다.

"신도 반드시 군사를 일으켜서 강을 건너야 한다는 것은 아닙니다. 다만 생각한 바를 아뢰어서 조정에서 널리 의견을 구하고자 한 것뿐입니다."

윤필상이 아뢰었다.

"이번 서정의 책임을 맡았던 어유소魚有沼는 돌아오는 중이니 평안도 절도사 김교金嶠에게 명하여 그 지역을 지키는 군사들을 거느리고 강을 건너갔다가 돌아오도록 하는 것이 좋겠습니다."

임금이 말하였다.

"강을 건너가야 한다는 의견이 너 많으니 그 뜻을 따르는 것이 좋겠다. 이 일은 빨리 해야만 하므로, 그 사목事目: 보고할 내용을 조목별로 정리한 문서을 마련하여 아뢰도록 하라. 다만 지금 상황이 매우 어려우니 적의 소굴을 공격하고 승리를 거두고 돌아오라고 하는 것은 옳지 못하다. 나라가 장수에게 출병을 명할 때 승리하라고만 하는 것이 옳겠는가?"

김양경金良璥이 아뢰었다.

"강을 건너가 군대의 위세만 떨치는 경우라면 괜찮겠지만, 적의 소굴까지 들어가 싸워 이기기는 매우 어려울 것입니다."

노사신이 아뢰었다.

"우리 군사가 이기지 못할 것을 알고 있으면서 강을 건너가라고 하는 것을 신은 이해할 수가 없습니다. 만약 무위를 떨치는 시늉만 하고 그것에 의거하여 황제께 보고한다면, 이것이야말로 중국을 속이는 것입니다."

임금이 말하였다.

"우리 군대가 전쟁에 이기지 못하는 화禍는 작은 것이고, 중국이 견책譴責하는 해로움은 큰 것이다. 그러니 의리상 강을 건너가야 할 것이다. 하지만 사람과 말이 모두 죽을 것을 뻔히 알면서도 파병하는 것은 차마 하지 못할 일이다. 백성들을 위하여 차라리 중국의 견책을 받는 것이 어떻겠는가?"

이에 곁에 있던 신하들이 모두 대답하지 못하자 임금이 말하였다.

"백성들을 위해서 중국의 견책을 받겠다. 그러니 강을 건너는 의논은 중지하고, 주문사奏聞使가 가지고 갈 사목事目을 마련하여 아뢰도록 하라."

_ 성종 10년(1479, 기해) 11월 13일

결국 서정군을 다시 보내다

경연에 나아갔다.

한명회가 아뢰었다.

"신이 거듭 생각해 보건대, 우리나라의 주문사奏文使가 요동遼東에 도착했을 때에도 황제의 군대가 돌아오지 않고 있다면 일이 잘못될까 두렵습니다."

임금이 말하였다.

"정승의 말이 맞다. 이전에 우리 군사가 압록강이 얼기를 기다리며 강가에 주둔했던 것을 중국은 알지 못할 것이다. 중국에서 이것을 알지 못한다면, '강이 얼어붙지 않아서 군사를 이끌고 건너가지 못했습니다'라고 말하더라도 그 말을 믿겠는가? 중국에서 믿지도 않고 알지도 못한다면, 우리가 비록 정직하더라도 어떻게 이 사실을 만천하에 밝힐 수 있겠는가?"

한명회가 아뢰었다.

"진실로 성상의 말씀이 맞습니다. 우리가 비록 사실에 의거하여 황제께 보고하더라도 우리 국경 안에서 군대를 해산하고 말았으니, 그 진위를 어찌 알겠습니까? 이제라도 군사를 거느리고서 국경을 넘어간다면 황제께 보고하는 말에 근거를 갖추게 될 것입니다.

또한 통역관 최유강이 '왕직이 거느린 군사가 매우 많았으며, 1만 5천 마리의 소로 군량을 운반하여 오래 머무를 계획을 한다'고 하였습니다. 그러니 중국의 군대가 돌아가기도 전에 우리의 주문奏文이 먼저 도착하게 된다면, 중국에서는 더욱 믿지 않을 것입니다. 전하께서는 성심으로 중국을 섬기고 있는데, 이로 인해 신임받지 못하게 될 것입니다.

신이 생각하건대, 이미 해산한 군대는 다시 징집할 수 없지만, 그 지역을 지키는 군사들 가운데 날랜 사람을 가려 뽑아서 적의 땅에 들어가도록 해야 합니다. 적을 공격하지는 못하더라도 강을 건너지도 않고 퇴각한 것보다는 낫지 않겠습니까."

임금이 말하였다.

"옳다. 군사가 3천 명은 되어야겠지만 3천 명이 다 차지 않더라도 괜찮을 것이다. 허종許琮과 같은 사람이 장수로 삼을 만한데, 지금 어디에 있는가?"

좌승지 김계창이 아뢰었다.

“허종은 지금 조모 상중喪中에 있습니다.”

임금이 말하였다.

“그가 상중이더라도 불러서 벼슬을 내리도록 하라. 먼저 평안 절도사에게 사람을 보내어 다시 들어가서 공격한다는 뜻을 알리도록 하라.”

또 말하였다.

“내가 동부승지 이계동李季仝을 보내려고 하는데, 어떻겠는가?”

이어 이계동을 불러서 말하였다.

“내가 장차 건주위建州衛: 여진인들이 살고 있던 만주 지역를 다시 공격하려고 하니, 그대가 평안도에 가서 절도사 김교金嶠와 더불어 군사들을 뽑아 놓고 기다리도록 하라.”

그리고 이계동에게 담비모피로 만든 옷 한 벌을 하사했다.

임금이 허종에게 병이 있다는 말을 듣고, 좌의정 윤필상을 도원수都元帥로 삼고, 절도사 김교를 부원수로 삼았다.

_ 성종 10년(1479, 기해) 11월 18일

서정에 성공하다

도원수都元帥 윤필상의 종사관從事官 이감李堪이 와서 헌첩獻捷: 전쟁에 이기고 돌아와서 포로를 바치고 종묘에 성공을 고하는 것하니, 임금이 만나보았다. 승지 채수蔡壽·변수邊脩와 주서·사관이 그 자리에 함께 있었는데, 윤필상의 계본啓本: 임금에게 올리는 중요한 보고서은 이러했다.

"초9일에 압록강을 건너서 13일에는 적의 소굴에 깊이 들어갔습니다. 이돈인李惇仁·이숙기李叔琦·조간曺幹·이흠석李欽石·이종생李從生·홍이로洪利老는 각기 정예 병사 1백여 기騎: 말 탄 사람의 수를 세는 단위를 거느리고, 부원수副元帥 김교金嶠는 유군游軍: 유격대 50기를 거느리고, 신臣 윤필상은 경기輕騎: 가볍게 무장한 기병 3백 명을 거느리고 달려 나아가서 기회를 살펴 길을 나누어 들어가 공격하였습니다. 그리하여 적의 머리 15급級을 베고 귀 2개를 베고, 중국 여인 7명과 야인 15명을 사로잡고, 가축을 쏘아 죽이고, 가옥을 불살라 없애고 16일의 전투에서는 한 명의 군사도 잃지 않고 돌아왔습니다."

임금이 기뻐하며 말하였다.

"내가 처음 기대하기를 한두 명만 잡아도 만족스러울 것이라 여겼는데, 잡은 것이 많은 편이다."

이어서 물었다.

"관군 중에도 사망한 사람이 있었는가?"

이감이 대답하였다.

"한 사람은 빗나간 화살에 맞아 부상당했고, 두 사람이 병들어 죽었을 뿐, 나머지 목숨을 잃은 사람은 없습니다."

임금이 말하였다.

"예로부터 들에서 싸울 때에는 비록 크게 이기더라도 반드시 죽는 사람이 있었는데, 지금은 모두 온전하다고 이를 만하니, 기쁨이 이루 말할 수가 없다."

이어 적을 공격한 형세를 물으니, 이감이 대답하였다.

"이돈인 등이 길을 나누어 한 마을에 이르니 대여섯 집만 있었는데, 중국 군사가 불사르고 난 뒤여서 겨우 풀을 얽거나 땅에 구멍을 파고서 살고 있을 뿐이었습니다. 또 한 마을에 이르니 집이 7, 8채가 되는데, 생계가 넉넉하였으며, 우리를 공격하려고 이웃 부락에 군사를 청하여 술을 걸러 놓고서 기다리고 있었습니다. 우리 군사들과 말의 소리를 듣고 그들은 자신들이 청한 군사가 온 것이라고 여겼는데 우리가 갑자기 공격하니 몹시 놀라서 어찌할 바를 몰라하며 흩어져 달아났습니다. 이에 군사를 내보내 공격하니, 적들 중에서 말 탄 사람은 겨우 달아났고, 나머지는 모두 목을 베거나 포로로 잡아서 아군의 진영으로 돌아왔습니다. 4경更: 새벽 1시~3시에 이르자 오랑캐의 기병이 우리 진영을 공격하려 하였으나, 우리 군대는 조심스럽게 경계하면서 움직이지 않았으며, 먼저 4면面에 멀리서 불을 밝히며 대비하니,

적이 감히 가까이 오지 못했습니다. 해가 떠오르기에 군대를 내보내니, 적 5명이 나와서 노려보며 화살을 쏘아 한 명의 우리 군사가 맞았습니다."

임금이 이감에게 특별히 초록색 유의襦衣: 겨울에 군인들이 입는 솜옷와 철릭帖裏: 무관들이 입던 제복 1령領을 하사하면서 말하였다.

"장차 군공軍功을 논하여 상을 내릴 것이지만, 지금 대단히 기쁘니 이것을 내린다."

_ 성종 10년(1479, 기해) 12월 20일

서정이 성공한 것은 정승의 공이다

상당부원군 한명회가 병이 나서 대궐에 나오지 못한 지 며칠이 되었다. 이날 아침 문안을 올리니, 전교하였다.

"두 번 군사를 일으켜 서정西征한 것은 정승의 계책이다."

유청 필단柳青 匹段: 푸른 비단 1필을 상으로 내렸다.

_ 성종 10년(1479, 기해) 12월 24일

1-9. 권력의 정점 한명회③—위세가 꺾이다

상당부원군 한명회가 아뢰었다.

"내일 중국 사신이 압구정狎鷗亭에서 놀 것이라 해서 오늘 아침에 신이 사신에게 가 보았습니다. 그가 말하기를, '내 얼굴의 종기가 아직 낫지 않았으므로, 가지 못할 듯합니다'라고 하였습니다. 이에 신이, '나가 놀며 구경하면 병도 나을 것입니다. 객관客館에만 머무르면 답답하지 않겠습니까?'라고 했더니 사신이 놀러 가겠다고 했습니다. 지금 날이 더운데다 압구정이 좁아 연회를 준비하기 어려우니, 해당 관청을 시켜 정자 곁의 평평한 곳에 대만大幔: 왕실 행사에 쓰는 큰 장막을 치게 하소서."

임금이 말하였다.

"경이 이미 중국 사신에게 정자가 좁다고 말하였는데, 이제 다시 무엇을 고민하는가? 그곳이 좁으니 제천정濟川亭: 한강에 있는 왕실 소유의 정자에서 잔치를 베풀어야 할 것이다."

이에 한명회가 또 보첨만補簷幔: 처마에 잇대는 장막을 청하니 임금이 말하였다.

"이미 압구정에서 잔치를 하지 않기로 했는데, 무엇 때문에 처마에 잇대는 장막을 청하는가? 지금 큰 가뭄이 있어 한가로이 노닐 수 없다. 내 생각에 그대의 정자는 헐어 없애야 마땅하다. 이번에 사신이 중국에 돌아가서 압구정 풍경이 아름답다고 말한다면, 앞으로 우리나라에 오는 사신들이 그곳에서 노닐겠다고 할 것이니 문제가 될 것이다. 또한 그대 말고도 강가에 정자를 꾸며 놓고 노니는 자들이 많다 하는데, 이는 아름다운 일이 아니다. 내일 제천정에 연회를 열고 압구정에는 장막을 치지 말도록 하라."

한명회가 아뢰었다.

"날이 무덥고 신의 정자가 좁기 때문에 아뢰었을 뿐입니다. 신의 아내가 오랜 병으로 누워 있고 근래에 병세가 심해졌습니다. 병세가 더 심해질 것 같으니 신은 내일 제천정에서 열릴 연회에 가지 못할 듯합니다."

임금이 승정원에 명하였다.

"강가에 어떤 정자들이 있는지 모르겠다. 이번에 중국 사신이 압구정에서 놀면 반드시 강을 따라 곳곳을 두루 유람하고 난 후에야 그칠 것이다. 게다가 뒤에 사신으로 오는 자 역시 이것을 본떠 유람할 것이니, 어찌 폐단이 없겠는가? 제천정의 풍경은 중국 사람이 예전부터 알고 있고, 세종世宗께서 큰 가뭄 때 비를 만나 이름과 기문記文을 내리신 희우정喜雨亭이 있다. 이 두 정자는 헐어 버릴 수 없겠지만, 그 나머지는 모두 없애 뒷날의 폐단을 막아라. 또한 내일은 제천정에서 연회를 열고 압구정은 잠깐 둘러보게만 하라."

승지들이 아뢰었다.

"한명회의 말은 지극히 무례합니다. 아내의 병이 심하다면 중국 사신이 구경하겠다고 청하더라도 거절했어야 합니다. 한데 아프다는 중국 사신에게 유람하기를 먼저 청하고 아내의 병에 대해서는 한마디도 하지 않았습니다. 게다가 대만과 보첨만을 청했으니, 크게 연회를 베풀려고 했던 것입니다. 그러다가 성상께서 허락하시지 않자, '신의 아내가 병이 심하므로 제천정에 가지 못하겠습니다'라고 핑계 대었습니다. 일이 제 뜻대로 풀리지 않아 이렇게 말한 것이 분명하며, 그 말이 공손하지 않았으니 신하된 자의 예가 아닙니다. 신하라면 임금의 명을 받아 천 리의 먼 길이라도 사양하지 않고 가야 하는데, 더구나 제가 먼저 청한 일을 이제 와서 못하겠다고 해서야 되겠습니까? 한명회를 국문하게 하소서."

임금이 말하였다.

"그 말이 매우 옳다. 하지만 천천히 분부하겠다."

승지들이 다시 아뢰었다.

"임금과 신하 사이에 어찌 이처럼 함부로 행동할 수 있겠습니까? 국문하도록 명하여 신들의 소망하는 바를 풀어 주소서."

임금이 말하였다.

"천천히 분부하겠다. 어찌 서둘러야 하겠는가?"

_ 성종 12년(1481, 신축) 6월 25일

임금이 신하들에게 물었다.

"재상들 중에 강가에 정자를 지은 사람이 매우 많다고 들었다. 이번에 중국 사신이 압구정에서 놀고자 했다. 뒤에 오는 사신들도 모두 유람하려 한다면 그 폐단이 적지 않을 것이다. 모두 없애 버리는 것이 어떠한가?"

모두 말하였다.

"성상의 분부가 마땅합니다."

영사領事 노사신盧思愼이 말하였다.

"국초國初에는 신臣의 조부 노간盧衎이 금천衿川에 있는 농장의 강가에 작은 정자를 지었을 뿐이었습니다. 그런데 지금은 강가에 정자를 지은 자가 참으로 많습니다."

특진관特進官: 경연에 참석하여 왕의 고문에 응하던 관직 김자정金自貞이 아뢰었다.

"신이 대간臺諫이었을 때에 이미 이 일을 아뢰었습니다. 강가의 정자들은 죄다 없애야 합니다."

지사知事 이승소李承召가 아뢰었다.

"이 말을 들은 자들은 스스로 없앨 것입니다. 어찌 명이 내리기를 기다리겠습니까?"

임금이 말하였다.

"올해 안에 없애도록 하라."

정언正言: 사간원의 정6품 관직 윤석보尹碩輔가 아뢰었다.

"한명회가 중국 사신이 압구정에서 놀고자 한다 하여 장막을 청하였으나, 윤허받지 못하자 곧 아내가 아프다고 거짓말하며 가지 않으려 했다고 들었습니다. 그게 사실이라면 죄를 주어야 합니다."

임금이 말하였다.

"이번 일은 정승이 잘못하였다. 전에 아내의 병이 죽을 만큼 심했는데도 북경에 갔었는데, 지금 아내가 아프다는 핑계로 연회에 불참하는 것이 옳겠는가? 내 아무리 부족한 임금이라 해도 신하의 도리가 어찌 이러할 수 있는가? 승지들이 말하기를, '한명회가 허락받지 못하자 분한 마음을 품고 이렇게 말한 것입니다'라고 하였다. 그 실정은 알 수 없으나, 분한 마음을 품은 게 분명하다."

윤석보가 아뢰었다.

"전에 한명회가 사사로이 황제께 선물을 바친 일과 궁각弓角: 활을 만드는 데 쓰는 물소 뿔에 관한 자문咨文: 주로 중국의 육부(六部)와 우리나라 사이에서 통보·교섭 등을 목적으로 왕래하는 문서의 일*로 두 가지 잘못을 범했습니다. 그런데도 성상께서 그의 잘못을 모두 용서해 주셨기에 지금 이처럼 불경하게 행동한 것입니다."

임금이 말하였다.

"정승이 장막을 내려 달라 청한 것은 연회에 가려고 한 것이고, 아내의 병을 핑계한 것은 가지 않으려고 한 것이다."

이어서 좌우에게 물었는데, 모두 말하였다.

"한명회가 죄 지은 것이 명백합니다."

이에 임금이 국문하라고 명하였다.

* 성종 12년 5월 17일 주문사(奏聞使) 한명회, 부사 이승소(李承召), 서장관(書狀官) 전한(典翰: 홍문관에 속한 벼슬. 유학 경전을 관리하고 글을 다루며 임금의 물음에 응하는 일을 맡았음) 권건(權健)은 궁각을 매입할 수 있도록 허가해 달라는 조선의 요청을 허락해 준 명나라 병부(兵部)의 자문을 통사(通事: 통역관) 김유경에게 맡겨 두었다가 돌아온 뒤에도 즉시 보고하지 않았다는 이유로 사헌부의 심문을 받는다. 그러나 모든 것이 김유경 한 사람의 개인적인 불찰이었다고 결론 내려지고 한명회 이하 관리들은 모두 용서받는다. 6월 9일에는 김유경에게 속 바치는 것(재물을 바치고 죄를 면하게 되는 것)을 허락하니 사헌부 장령 이평(李枰) 등이 관련자를 죄주어야 한다고 간언한다.

사관은 논평한다. "전에 한명회가 북경에 갈 때 임금께서 '명나라 환관 정동鄭同에게 미리 연락하지 말고 또한 무기인 활과 화살을 바쳐서는 안 된다'라고 하셨다. 그러나 한명회가 통주通州에 이르러 통역관 장유화張有華를 시켜 먼저 정동에게 연락하고, 황제께 사사로이 선물을 바치면서 활과 화살까지 함께 바쳤다. 함께 갔던 부사副使 이승소가 말렸으나 한명회는 듣지 않았다. 많은 선물로 황제를 기쁘게 하고 정동의 욕심을 채워 준 대가로 큰 상을 받았는데 돌아와서 늘 남들에게 자랑하였다. 이때 정동이 사신으로 오니 그를 청해 압구정에서 대접하고 잔치를 크게 베풀어 뽐내려고 하였다. 그러다가 이와 같이 탄핵되어 파직되었다.**"

_ **성종 12년(1481, 신축) 6월 26일**

** 성종 12년 7월 1일 성종은 한명회의 관직만 거두라고 명한다. 대간들은 한명회를 불경죄로 다스려 귀양 보내야 한다고 청했다. 하지만 성종은 관직에서 물러나게만 하고 그 청을 들어주지 않았다. 그리고 같은 해 11월 17일에 그 관직을 다시 돌려주라고 명한다.

1-10. 권력의 정점 한명회④—굴곡진 일생

한명회의 자字는 자준子濬이고, 청주 사람이며, 증贈 영의정領議政* 한기韓起의 아들이다. 어머니 이씨가 임신한 지 일곱 달 만에 한명회를 낳았는데, 배 위에 검은 점이 있어 그 모양이 북두칠성과 같았다. 어버이를 일찍 여의고 가난하여 혼자 힘으로 출세할 수 없었다. 글을 읽어 자못 얻은 바가 있었지만 과거에는 여러 번 낙방하였다. 이에 허물없는 벗 권남權擥과 더불어 수려한 산수를 찾아 유람하며 한 해를 넘기도록 돌아올 줄 몰랐다.

경태景泰: 명나라 경태제의 연호 임신년壬申年: 문종 2년, 1452년에 경덕궁직敬德宮直: 궁지기에 임명되었다. 일찍이 영통사靈通寺: 개성 용흥에 있는 고려시대 사찰에 놀러 갔었는데, 한 노승이 주위 사람을 물리치

* 관직명 앞에 '증'(贈)이 붙은 것은 죽고 난 뒤에 품계를 높여서 내려 준 벼슬(추증追贈)이기 때문이다.

고서 말했다. "그대의 머리 위에 빛나는 불꽃이 있으니, 이는 귀한 징조요." 이때 문종이 돌아가시고 노산군魯山君: 단종은 나이가 어려 정권이 대신들에게 있었다. 한명회가 권남에게 말하였다. "지금 주상이 어리고 나라가 위태로운데, 간사한 무리들이 권세를 함부로 부리고 있소. 또 안평대군安平大君이 마음속으로 다른 뜻을 품고 대신들과 친밀하게 사귀면서 여러 소인배를 불러 모으고 있으니, 재앙이 곧 닥칠 듯하오. 듣자니, 수양대군首陽大君이 활달하기가 한漢나라 고조高祖와 같고, 영특하고 용맹하기가 당唐나라 태종太宗과 같다 하니, 진실로 난세를 평정할 재목이오. 그대가 참모로써 모신 지가 오래됐으니, 은밀히 그 뜻을 알아보는 게 어떻겠소?" 권남이 한명회가 한 말을 전하자 수양대군이 그를 불러 함께 이야기를 나누었다. 한 번 만나 보고 의기가 상통하여 마치 옛날부터 사귄 친구와 같았다.

무사武士 홍달손洪達孫 등 30여 인과 함께 계유년단종 원년, 1453년 겨울 10월 초10일에 세조가 의로운 군사를 일으켰을 때 김종서 등을 주살誅殺하게 하였다. 이때 한명회를 군기녹사軍器錄事: 병장기를 만드는 군기감의 정5품 관원로 삼고, 수충위사협책정난공신輸忠衛社協策靖難功臣의 호號를 내려 주고, 곧 사복시소윤司僕寺少尹: 정4품 관직으로 승진시켰다. 갑술년단종 2년, 1455년에 승정원 동부승지로 초배超拜: 정해진 등급을 뛰어넘어서 벼슬을 받음되었다. 을해년단종 3년, 1455년 여름 세조가 선위禪位받자, 여러 번 승진하여 좌부승지가 되고, 가을에 동덕좌익공신同德佐翼功臣의 호를 받고 우승지가 되었다.

병자년세조 1년, 1456년 여름에 성삼문成三問 등이 노산군을 다시 세울 것을 꾀하고, 은밀히 장수들과 서로 결의하여, 창덕궁에서 중국 사신을 맞아 연회를 베푸는 날에 거사하려고 준비하였다. 이날 한명회가 아뢰었다. "창덕궁은 좁고 무더우니, 세자가 연회에 함께하는 것이 마땅치 않고, 운검雲劍: 공식행사에 쓰는 큰 칼을 든 모든 장수들도 그 자리에 있게 하는 것이 마땅치 않습니다." 임금이 그의 말을 옳게 여겼다. 연회가 시작되려 하자, 성삼문의 아비 성승成勝이 운검을 차고 들어가려 했다. 한명회가 저지하며 꾸짖었다. "이미 모든 장수들에게 입시入侍: 임금이 있는 자리에 들어가 모시는 것하지 말게 하였소." 이에 성승이 나갈 수밖에 없었다. 성삼문 등이 일이 이루어지지 못할 것을 깨닫고 말했다. "세자도 오지 않고, 장수들은 들어오지 못하니, 어찌해야 하겠는가?"

그 무리 가운데에 한명회를 해치려는 자가 있었는데 성삼문이 말했다. "대사大事를 이루지 못하였는데, 비록 한명회를 제거한다 한들, 무슨 이익이 되겠는가?" 이튿날 그 일이 발각되어, 모두 형벌을 받아 죽었다. 이 해 가을에 좌승지에 올랐다.

천순天順 정축년세조 2년, 1457년 가을에 숭정대부崇政大夫 이조판서로 품계를 뛰어넘어 임명되고, 상당군上黨君에 봉해졌으며, 겨울에 병조판서로 옮기었다. 기묘년세조 4년, 1459년에 황해·평안·함길·강원도 체찰사體察使: 조선시대 임금의 명령을 받고 지방에 파견되어 제반 군무(軍務)를 총괄하던 임시 벼슬가 되고, 경진년세조 5년, 1460년에 숭록대부崇祿大夫, 신사년세조 6년에 보국숭록대부輔國崇祿大夫에 오르고, 상당부원군上黨府院君에 봉해져서, 판병조사判兵曹事를 겸하였다. 임오년세조8년에 대광보국숭록대부大匡輔國崇祿大夫 의정부 우의정이 되고, 계미년세조 9년에 좌의정에 올랐으며, 성화成化 병술년세조 12년에 영의정에 올랐다가, 병으로 인하여 사임하였다.

정해년세조 13년에 길주 출신 이시애李施愛가 반란을 일으키면서 터무니없는 뜬소문을 만들어 말하였다. "한명회가 신숙주와 더불어 반역을 꾀한다." 이에 한명회가 아뢰었다. "옛날에 칠국七國이 반란을 일으켰을 때 한漢나라에서 조조晁錯를 죽여서 칠국을 평정했습니다.* 저희 두 사람을 속히 가두소서." 임금이 그대

* 한(漢)나라 경제(景帝) 초반(BC. 154) 제후국이던 오나라의 왕 유비(劉濞)가 주축이 되어 여섯 제후들과 함께 중앙정부에 대항하여 반란을 일으켰다. 경제는 즉위하면서 태자 시절부터 총애해 오던 조조를 발탁해서 기용했다. 조조는 30가지 법령을 바꾸고, 제후들의 죄를 빌미로 조나라와 초나라의 봉토를 삭감했다. 자신의 땅도 빼앗기게 될까 두려워했던 오왕 유비는 조나라 및 초나라의 제후들과 공모하여 황제의 측근 조조를 치겠다며 군사를 일으켰다. 반란에 대처하기 위해 경제는 오나라의 옛 재상 원앙(袁盎)을 기용했는데 원앙은 반란군이 조조를 제거할 것을 명분으로 내세웠으니 조조를 죽여 반란군에 사죄해 그 기세를 잠재우라는 계책을 올렸다. 경제는 조조를 죽여 반란군에 사죄하고, 원앙을 태상으로 삼고서 반란을 진압했다.

로 따랐는데, 곧 죄가 없는 것이 밝혀져 석방되었다.

무자년세조 14년, 1468년 가을에 세조가 승하하고, 예종睿宗이 그 뒤를 이어받게 되자 한명회가 한두 대신과 더불어 승정원에서 번갈아 숙직하며 모든 정무에 참여하여 결정하였다. 이때에 혜성彗星이 나타나자, 한명회가 아뢰었다. "하늘의 별이 이변을 나타냈으니, 그 징조가 두렵습니다. 창덕궁에 성城이 없으니, 마땅히 대신들로 하여금 군사를 거느리고 밤새 지키도록 하소서." 이에 임금이 그대로 따랐다. 얼마 되지 않아, 남이南怡 등이 반역을 꾀하다가 형벌을 받고 죽게 되자, 추충보사병기정난익대공신推忠保社炳幾定難翊戴功臣의 호를 받았다. 기축년예종 원년, 1469년 봄에 다시 영의정에 제수되었다가, 가을에 사임하였다.

예종이 돌아가시고 성종成宗이 즉위하자, 정희왕후가 수렴청정을 하면서 한명회에게 이조판서와 병조판서를 겸하도록 명하니 극구 사양하였다. 정희왕후가 전교를 내려 말하였다. "세조께서 경을 사직社稷을 지키는 신하라고 하셨소. 지금 국상國喪이 잇달아 일어나 민심이 매우 불안하니, 대신으로써 자신의 안위만 지킬 때가 아니오." 한명회가 눈물을 흘리며 "재주는 없고 임무는 중하니 신이 나랏일을 그르칠까 두렵습니다"라고 하자, 다만 병조판서만 겸하도록 명하였다.

신묘년성종 2년, 1471년 여름에 순성명량경제홍화좌리공신純誠明

亮經濟弘化佐理功臣의 호를 내려 주었다. 이 해에 혜성이 또 나타나자, 한명회가 군영軍營을 대궐의 동쪽과 서쪽에 설치하기를 청하고, 자신이 직접 서쪽 군영을 거느렸다.

어느 날 임금을 대면하여 학문 진흥의 중요성을 말하고 이어서 아뢰었다. "성균관成均館에 서적이 없으니, 마땅히 경서經書와 사서史書를 많이 인쇄하고, 전각殿閣을 세워 간직하게 하소서." 임금이 그대로 따랐는데, 한명회가 사재私財를 내어 그 비용을 보태었으므로, 사림士林에서 이를 훌륭하게 여겼다.

갑진년성종 15년, 1484년 봄에 나이가 많은 것을 이유로 관직에서 물러나기를 청하니 허락하지 않고, 궤장几杖: 안석과 지팡이을 내려 주었다. 이때 병으로 자리에 눕게 되었는데, 임금이 어의御醫를 보내 치료하게 하고 날마다 내관을 보내 문병하였다.

병이 위독해지자 임금이 승지를 보내어 마지막으로 하고 싶은 말을 물었다. 시중드는 사람으로 하여금 관대冠帶를 갖추도록 하고 말하였다.

"처음에는 부지런하고 나중에는 게으른 것이 인지상정이니, 원컨대 끝까지 처음처럼 삼가소서."

말을 마치고 바로 운명했는데, 그의 나이 73세였다.

임금이 매우 슬퍼하여 음식을 먹지 않고, 따로 내관을 보내 제사祭祀를 내렸으며, 또한 백관百官에게 명하여 장례에 참여하게 하였다.

시호諡號를 충성忠成이라 하였으니, 임금을 섬기어 절개를 다 한 것을 충忠이라 하고, 임금을 보좌하여 능히 일을 잘 마친 것을 성成이라 하였다.

한명회의 성품은 마음이 너그럽고 컸으며 도량이 깊고 침착하여 작은 예절에 구애받지 않았다. 항상 주장하기를 화평和平에 힘쓰고, 일을 결단함에 있어서는 기본이 되는 큰 줄기를 따라서 행하였으므로, 세조가 일찍이 '한명회는 나의 장자방張子房*이다'라고 하였다. 아들은 한보韓堡이고, 딸은 장순왕후章順王后: 예종의 정비와 공혜왕후恭惠王后: 성종의 정비이다.

사관은 논평한다. "한명회는 젊어서 유학을 업業으로 삼았으나 뜻을 이루지 못하였다. 불우하게 지내다가 권남과 더불어 생사를 같이할 만큼 깊은 사귐을 맺고, 그를 통하여 세조가 왕이 되기 전에 만났다. 자신을 알아주는 주군을 만나 큰일을 함께 이루어서, 그 공이 제일을 차지하였으며, 10년 사이에 벼슬이

* 장량(張良, ?~BC. 189). 한(漢) 고조의 개국공신으로 전략적인 지혜를 잘 써서 유방(劉邦)이 한나라를 세우고 천하를 통일하도록 하는 데 기여했다. 유방으로부터 "군막에서 계책을 세워 천 리 밖에서 벌어진 전쟁을 승리로 이끈 것이 장자방이다"라는 극찬을 받았다.

정승에 이르렀다. 마음속으로 항상 나랏일을 걱정하였고 생각한 것을 반드시 아뢰었으므로 새로 만들어 세운 것 또한 많았다. 권세가 매우 커져서 섬기고 따르는 자가 많았고, 빈객賓客이 그 집안에 가득하였는데 응대하기를 게을리하지 않았다. 한때는 재상이 그 문하에서 나왔고 조정의 관리로서 일하는 자들이 많았다.

화려한 것을 좋아하고 자기 사랑하는 것을 즐기며 재물을 탐하고 여색을 밝혔다. 토지와 노비, 보물과 재화 등 뇌물이 잇달았고, 집을 크게 짓고 첩을 많이 두어 그 권세와 부유함이 한때 유명했다. 여러 번 사신으로 명나라의 수도에 갔었는데, 늙은 환관 정동鄭同에게 아부하여 사사로이 황제께 많은 뇌물을 바쳤다. 하지만 같이 동행했던 부사副詞가 감히 그것을 말리지 못하였다. 말년에 권세가 떠나자 빈객이 찾지 않으니, 외롭고 적막하여 탄식하곤 하였다. 비록 여러 번 대간들에게 논박당했으나, 소박하고 솔직하여 다른 뜻을 품지 않았기 때문에 그 공신功臣의 이름을 보전할 수 있었다."

_ 성종 18년(1487, 정미) 11월 14일 상당부원군 한명회의 졸기

二• 학문과 문예를 사랑한 모범 군주

2-1. 벼락이 쳐도 의연하다

성종강정인문헌무흠성공효대왕成宗康靖仁文憲武欽聖恭孝大王의 휘諱는 혈娎이니, 덕종德宗: 세조의 맏아들 의경세자의 둘째아들이다. 어머니는 인수대왕대비仁粹大王大妃 한씨韓氏로, 좌의정左議政 서원부원군西原府院君 한확韓確의 딸이다.

천순天順 원년 정축년丁丑年: 세조 3년, 1457년 7월 30일에 왕이 동궁전에서 태어났다. 같은 해 9월에 덕종이 돌아가시니, 세조께서 왕을 궁중에서 키우셨다. 왕은 타고난 자질이 특별히 빼어나고, 기상과 도량이 보통 사람과 달랐으므로 세조께서 특별히 그를 사랑하셨다. 신사년辛巳年: 세조 7년, 1461년 정월에 자산군者山君으로 봉하였다.

일찍이 왕이 동복형인 월산군月山君 이정李婷과 함께 궁중 전각의 처마 밑에서 글을 읽고 있었다. 이때 요란한 천둥소리와 함께 곁에 있던 소환小宦: 나이 어린 환관이 벼락을 맞아 죽었다. 모시고 있던 사람들이 놀라 넘어지고 힘이 쭉 빠지지 않은 자가 없었는데도, 왕은 조금도 두려워하는 기색이 없었다. 당황하지 않고 침착하여 말과 행동이 평상시와 같았으므로, 사람들이 모두 이를 기이하게 여겼다.

_ 성종실록, 총서(總序)

2-2. 원칙에 충실해야지

왕이 편전便殿: 왕이 평소에 정사를 보고 문신들과 함께 경전을 강론하는 곳에 나아가니, 봉보부인奉保夫人: 왕의 유모에게 주던 종1품 작호 백씨白氏가 알고 지내던 사람에게 벼슬을 내려 달라고 청하였다.

왕이 말하였다.

"너는 무슨 뇌물을 받았기에 이런 청탁을 하는가? 인재는 공정하게 발탁해야 한다. 은밀한 부탁을 받고 사사로이 벼슬을 내려 준다면 국정이 어떻게 되겠는가? 내가 어리다고 얕보아 이런 부탁을 다시 한다면 반드시 용서치 않겠다."

이에 백씨가 부끄럽고 두려워하며 물러갔다.

사관은 논평한다. "아! 성상聖上의 이 말씀이 어찌 한때의 좋은 평판을 얻기 위한 것이겠는가? 실로 만세萬世의 도리이다. 앞으로도 계속 이렇게 하신다면 안에서는 임금이 총애하는 여인이 청탁하는 일이 없을 것이고, 밖에서는 형벌을 주거나 상을 내리는 일이 잘못되지 않을 것이다. 다만 지금의 임금께서 뜻을 끝까지 지키지 못하여 점차 친설親褻: 친하고 허물없는 사이에 빠져서 치국지도治國之道가 위태롭게 될까 두렵다."

_ 성종 1년(1470, 경인) 7월 24일

상참常參: 신하들이 매일 새벽 3~5시에 편전에서 임금께 나랏일을 보고하는 회의을 받았다. 임금을 호위하던 갑사甲士: 조선시대 각 지방에서 뽑혀서 왕궁의 수비를 맡던 의흥위(義興衛) 소속의 특수병사 최안윤崔安閏이 무릎을 꿇고 호소하였다.

"신이 전하께 아뢸 일이 있습니다."

임금이 내관으로 하여금 묻게 하니, 최안윤이 대답하였다.

"신은 경상도 성주星州 출신 갑사입니다. 농사에 실패하여 양식이 모두 떨어졌으니 경창京倉: 서울에 있던 나라의 곡식 창고에서 환곡還穀: 흉년이나 춘궁기에 빈민에게 곡식을 대여하고 추수기에 이를 갚게 하는 곡식을 빌릴 수 있게 하여 주소서."

임금이 "알았다" 하고는 조회를 파한 뒤에 전교를 내렸다.

"최안윤의 말은 가련하다. 하지만 임금이 정사를 돌보는 곳에서 절차도 지키지 않고 직접 아뢰는 것은 옳지 못하다. 그를 국문鞫問하도록 하라."

_ 성종 1년(1470, 경인) 12월 19일

전설사典設司: 의식에 쓰이는 장막의 공급을 관장하던 관청 수守 허적許迪 등 5인이 윤대輪對: 각 관청의 관원들이 매월 세 차례씩 돌아가며 임금을 뵙고 직무에 관하여 아뢰던 일하였다. 호조정랑戶曹正郞 민영견閔永肩이 아뢰었다.

"윤대는 언로言路를 넓히고 백성들의 사정을 전하여 알게 하는 것입니다. 지금은 다섯 명이 함께 윤대하는데 승지와 사관들이 들어와 기록하고, 나와서는 윤대에서 말한 것을 글로 정리하여 보고하게 되어 있습니다. 또한 대신들로 하여금 이를 의논하게 합니다. 그러므로 윤대한 자들이 비록 관리들의 잘못이나 뇌물을 받은 일을 말하고자 하여도 뒷날 몰래 보복당할 것을 두려워하여 말을 다하지 못합니다. 겉으로 드러난 긴요하지 않은 일만 말하고 있으니. 이것이 어찌 성상聖上께서 신하들에게 직언을 구하는 뜻이겠습니까? 앞으로는 편전에서 좌우를 모두 물리치고 한 사람만 불러 아뢰게 하여 그 마음에 품은 바를 모두 말할 수 있게 하소서."

그러자 임금이 엄한 목소리로 말하였다.

"너는 어찌하여 이런 말을 하느냐? 윤대를 만들어 놓은 것은 정사의 잘못된 점이나 백성들의 아픔을 듣고자 한 것이다. 그런데 어찌 남이 보고 듣는 것을 두려워하여 말하지 못한단 말인가? 만약 남이 보고 듣는 것이 두렵다면, 비록 말을 했다 하더라도 그 말을 어디에 쓰겠는가?"

이에 민영견이 부끄러워 얼굴을 붉히며 물러났다.

_ 성종 6년(1475, 을미) 4월 13일

2-3. 신하들이여, 할 말을 다하라

왕이 『서경』書經의 "나무가 먹줄을 따르면 바르게 되고 임금이 간언을 따르면 성군이 된다"라는 구절에 이르러 곁에 있던 신하에게 말하였다.

"임금의 도리가 이보다 더한 것이 어디 있겠는가. 하나 임금만이 지킬 일은 아니다. 신하된 자도 백성들의 진언盡言: 생각한 바를 기탄없이 다 쏟아 놓은 말을 받아들인 이후에야 임금에게 간언할 수 있다. 그러니 너희들도 마땅히 이를 알아야 한다."

또 역사책을 읽다가 "수隋나라 양제煬帝가 도적떼가 횡행한다는 말을 듣고 사람을 시켜 아홉 명을 잡아들였다. 그 중에 네 명은 도둑이 아니었다. 하지만 관원은 황제가 이미 죽이라고 명을 내렸으므로 다시 아뢰지 않고 모두 죽였다"라고 쓰인 구절에 이르러, 왕이 말하였다.

"양제가 참으로 무도하지만 그 관원이 알면서도 말하지 않았으니, 어찌 죄가 없다 하겠느냐? 나는 양제를 경계로 삼을 테니, 너희들도 그 관원을 경계로 삼아야 할 것이다. 임금과 신하가 모두 배우는 것이 옳지 않겠는가."

또 역사책을 읽다가 "당唐나라 위징魏徵이 태종太宗에게 '폐하께서 즉위하신 직후에는 사치를 멀리하고 간언을 구하기를 게을리하지 않으셨습니다. 그런데 요즈음 건물을 새로 짓고 수리하는 일이 조금 많았는데 이를 간했던 자가 폐하의 뜻에 거슬린다고 견책을 당했습니다'라고 아뢰었다" 한 구절에 이르러, 왕이 말하였다.

"옛말에 '능히 마지막까지 잘해 내는 이는 드물다' 하였다. 당 태종도 초반에는 잘했다고 할 수 있으나, 말년에 이르러서는 점차 처음만 못하게 되었다. 당 태종 같은 유능한 임금도 이와 같은데 하물며 그에 미치지 못하는 사람이라면 어떻겠는가. 요즘 건물을 고쳐 짓고 새로 만드는 큰 공사를 일으켰다. 비록 어쩔 수 없이 하는 일이지만 나라 안팎의 여론이 어떤지 궁금하다. 내가 즉위한 이래로 간언한 신하를 죄준 일이 없었다. 그대들은 내 뜻을 거스를까 염려하지 말고 잘못된 일이 있다면 모두 말해야 할 것이다."

_ 연산 1년(1495, 을묘) 1월 13일, 성종대왕 행장(行狀)

홍치弘治 원년성종 19년, 1488년 11월 사헌부에서 고사古事를 필사해서 바쳤다. 그 내용은 탕왕湯王을 도운 이윤伊尹과 주周나라 성왕成王을 모신 소공召公이 군주에게 선을 권하고 악을 경계한 말이다. 항상 살피고 경계하라는 뜻을 담아서 글을 올린 것이니 임금이 기뻐하며 말하였다.

"지금 그대들이 바친 글을 보니, 임금에게 허물이 없도록 하려는 것이다. 그대들이 임금을 아끼는 진실한 마음을 어찌 잊을 수 있겠는가!"

임금이 그 즉시 술을 하사하고, 밤에는 다시 초를 보냈다.

_ 연산 1년(1495, 을묘) 1월 13일 , 성종대왕의 행장(行狀) 중에서

임금이 의정부에 전지傳旨: 승정원의 담당 승지를 통해 왕명을 문서로 전달함하였다.

"대신大臣이란 옳고 그름을 임금과 함께 상의하고 정사政事를 의논하기 위해 있는 자리이다. 오늘 경연에서 대간臺諫이 총관摠管: 군사를 거느리는 책임을 맡은 관리의 일을 논하기에 함께 있던 대신들에게 물었다. 그러나 한 사람도 대답하는 자가 없었다. 내 뜻을 거스를까 염려해서 그런 것인가? 아니면 대간을 두려워하여 그런 것인가? 어느 쪽이든 옳고 그름을 따져 가며 과인과 함께 큰 일을 하려는 뜻이 아예 없는 것이다.

광릉부원군廣陵府院君 이극배李克培는 대사헌 이세좌李世佐와 상피相避: 혈연이나 지연 등 가까운 관계로 공정한 판단을 할 수 없을 때 그 자리에 끼지 않는 것가 되므로 처음부터 의논에 참여할 수 없었다. 박안성朴安性은 총관을 겸하고 있어서 논박을 받은 당사자니 답할 수 없었을 것이다. 하지만 정괄鄭佸과 채수蔡壽는 의견을 말해야 하는데도 끝내 한마디도 하지 않았다. 원칙대로 한다면 이 두 사람을 국문해야 마땅하지만 이번에는 논하지 않겠다. 그러나 다음에도 이처럼 의견을 내지 않는다면, 용서치 않고 국문하겠다."

사관은 논평한다. "모든 대신들이 옳은지 그른지 의견을 내지 않고 성상의 뜻에만 따랐다. 일을 의논하게 하면 '해당 관청에 명하여 의논해서 아뢰게 하소서' 하고, 해당 관청에서 아뢰면 '아뢴 대로 시행하소서'라고 한다. 그 사이에서 자신들의 의견을 전혀 말하지 않는다. 그래서 이때 사람들이 그들을 비웃으며 이렇게 말했다. '해당 관청에서 의논하여 아뢰게 하라느니, 아뢴 대로 시행하라느니 등의 말만 할 줄 안다면, 삼정승을 맡더라도 무엇이 어렵겠는가?'"

_ 성종 24년(1493, 계축) 윤5월 7일

2-4. 아부를 물리치다

형조정랑刑曹正郎 유양춘柳陽春이 「희우부」喜雨賦: 비가 내리는 것을 기뻐하며 지은 글를 올렸다.*

그것을 읽고 임금이 말하였다.

* 성종 18년 5월 말부터 오랜 가뭄을 해갈시켜 주는 비가 내리자 6월 9일에 임금이 홍문관·승지·주서·사관 등에게 「희우부」를 짓게 했다. 하지만 그 이후로 6월 17일에는 사나운 비바람이 몰아치고, 6월 22일에는 흙비가 심하게 내려 집이 무너져서 혹 사람이 깔려 상할까 염려하게 되는 상황이 이어졌다. 6월 28일에는 한 달 가까이 계속되는 장맛비 피해를 염려하여 각 도의 관찰사에게 가벼운 범죄자들을 석방하라는 명이 내려졌다. 이런 상황임에도 유양춘은 비가 알맞게 내려 모두가 기뻐한다며 「희우부」를 지어 바쳤다. 자묵객경(子墨客卿: 먹을 의인화한 것)과 한림학사(翰林學士) 사이의 가상 문답으로 이루어진 이 글에서 유양춘은 "아아, 혁혁하신 우리 임금의 덕이 하늘과 짝이 되어 한결같이 지성스러우셨도다. 지극한 정성에 그침이 없어 감동되면 반드시 통하는 법이라 하늘을 감동시켰도다. 어그러진 기운 물러가고 화기(和氣)가 훈훈하여 기름진 비가 내렸도다. 신령이 주는 것 융성하여 넉넉하고 흡족하니 만물이 자라게 되었도다. 비 오고 볕 나는 것 순조로워 절기에 알맞고 농사에 풍년 드니 오직 거룩한 임금의 덕이로다. 하늘과 인간이 감응하여 통하고 위아래가 호응하여 서로 기뻐하게 되었도다"라며 성종의 덕을 칭송했다.

"이 부賦: 산문시는 그 뜻이 좋기는 하다. 하지만 나는 그 내용에 못 미치니, 승정원에 두도록 하라."

사관은 논평한다. "유양춘은 아첨하는 말을 올려 은총이 내리기를 바랐다. 재주를 팔아서 임금을 속이려 했으니 사대부들이 모두 그를 비웃었다. 과연 얼마 되지 않아 사헌부의 탄핵을 받게 되었다."

_ 성종 18년(1487, 정미) 8월 5일

사헌부 장령 정지鄭摯가 아뢰었다.

"유양춘이 「희우부」를 지어 올렸다고 들었습니다. 오랫동안 가물었다가 단비가 때 맞춰 내려서 만물이 소생하게 된 다음에라야 '희우'喜雨라고 하는 것입니다. 그런데 올해에는 여름부터 가을까지 비가 그치지 않아 벼가 잠기고 보리가 떠내려가 재해가 극심했습니다. 이런 중에 유양춘이 상황에 맞지 않게 「희우부」를 올렸으니 이는 재주를 부려 아첨해서 승진하려는 뜻일 뿐입니다. 나랏일을 맡은 군자의 마음가짐이 이와 같다면 어찌 도리에 맞는다고 하겠습니까? 그 실상을 국문하기를 청합니다."

이에 임금이 글을 내려 말하였다.

"유양춘의 부賦는 아첨하려고 올린 것이 아니다. 다만 나의 덕이 그것을 감당하기에 부족했던 것이니, 국문하지 말라."

이윽고 그 부를 내려 직접 읽어 보라고 명하였다.

정지가 다시 아뢰는 글을 올렸다.

"이 부를 보니 모두 아첨하는 말입니다. 마침 올해 5월에 비가 와서 유양춘이 「희우부」를 지었는데, 이 글을 올린 것은 8월입니다. 5월 이후로 비가 계속 내려 물난리가 났습니다. 그런데도 유양춘은 문장을 아름답게 꾸미는 데만 골몰하여 글을 잘 짓는다는 명성을 얻고자 했을 뿐입니다. 또한 여기에는 '밭에는 보리가 떠내려가는 수해도 없고, 곡식은 싹이 나서 없어지는 것도 없으며, 집에서 개구리가 새끼 치는 고통도 없고, 들판이 물에 잠길 염려도 없다'라는 대목이 있습니다. 이는 사실을 크게 속이는 것이 아니겠습니까? 그러니 아첨한 죄로 다스리지 않을 수 없습니다."

글을 내려 답하였다.

"유양춘의 뜻은 해마다 가뭄으로 흉년이 들었는데 올해는 비가 흡족히 내렸다고 기뻐한 것일 뿐이다. 달리 아첨하려는 뜻은 없었으니, 국문하지 말라."

사관은 논평한다. "유양춘은 행동이 경박하여 사림士林들에게 인정받지 못했다. 작은 재주를 팔아먹으려고 했으니, 논박당하는 것이 당연하다."

_ 성종 18년(1487, 정미) 8월 20일

사헌부 장령 봉원효가 다시 와서 유양춘의 일을 아뢰니, 임금이 말하였다.

"유양춘은 이미 형조정랑에 올랐는데, 어찌 또 승진되기를 바라는 마음이 있었겠는가?"

봉원효와 박희손朴喜孫이 다시 아뢰었다.

"모름지기 소인小人은 승진을 바라는 마음에 끝이 없습니다. 유양춘이 비록 형조의 관리가 되었지만 어찌 또 승진하려는 욕심이 없었겠습니까? 이는 관리들의 기풍에 크게 관련된 일이니, 법에 따라 죄주지 않을 수 없습니다. 조정에서 어리석고 무능한 자도 쉽게 내치지 못하는 것이 문제입니다. 하물며 잘못을 알고도 죄주지 않는다면 어떻겠습니까?"

이에 전교하였다.

"유양춘이 올린 부는 임금의 덕을 지나치게 칭송한 것이다. 만일 그를 죄주지 않는다면, 반드시 내가 '무작정 과장하고 찬미하는 글을 좋아한다'고 할 것이다. 그를 좌천시키도록 하라."

_ 성종 18년(1487, 정미) 11월 6일

2-5. 검소한 것이 좋아

의정부에 전교를 내렸다.

"재물을 생산하려면 근본에 힘써야 하고, 재물을 넉넉하게 하려면 아껴 써야 한다. 아껴 쓰려고 하면 반드시 검소해야 한다. 대개 사치하게 되면 쓰는 것이 많아지고, 쓰는 것이 많아지면 반드시 재물이 바닥나게 된다.

우리나라를 생각해 보면 산이 험준하고 물살이 세며 토지에 돌이 많고 척박하다. 근면하게 일하고 검소하게 아껴 쓰더라도 오히려 재물과 일용품이 넉넉지 못하다고 근심하게 된다. 하물며 화려하고 사치한 것을 숭상하여 절제없이 쓴다면 어찌되겠는가? 내가 이것을 염려하니 사치하지 못하도록 엄하게 금하고, 백성들로 하여금 농사와 생산에 힘을 다하도록 하라. 또한 급하지 않은 공사는 하지 말고 쓸데없는 지출을 없애라. 안으로는 궁중에서부터 밖으로는 모든 관청에 이르기까지 규모 있게 꾸려 나갈 방도를 자세히 검토하여 세금을 가혹하게 거두는 일이 없도록 하라.

백성을 위하는 것은 그들 스스로가 농상農桑에 힘을 다하게 하는 것이다. 게으르지 않게 하고 검소한 생활과 절약을 소중히 여기게 하며 재물을 형편에 맞게 써서 함부로 낭비하지 않게 하는 것이 좋겠다.

한 집안과 나라는 크고 작음은 비록 다르지만 그 운용 원리는 같다. 진실로 절약하는 데에 관심을 둔다면 살림을 넉넉하게 하는 데에 무슨 어려움이 있겠는가?

삼국 중에서 백제가 가장 사치를 일삼았다. 임금된 자가 바르게 인도하지 못하고 사치하고 방종하며 술에 취해 있었다. 위아래가 사리사욕에 눈멀어 재물이 바닥나고 국력이 고갈되어 마침내 망하게 되었다. 지금의 전라도는 백제의 옛 땅인데 잔치와 상례를 치를 때 예법에 따르지 않고 고루한 풍속과 어지러운 습속을 지금까지도 따르고 있다.

신라는 근검에 힘쓰고 화려하게 꾸미지 않아 집안 살림이 넉넉하고 나라가 부유했으며, 위아래가 서로 편안하여 천 년 넘게 이어졌다. 지금의 경상도가 그 옛 땅인데 소박한 풍속이 지금에 이르기까지 전해지고 있다. 안동安東 사람의 경우, 부지런히 일하며 어려움을 견딘다. 가을과 겨울에는 죽을 먹으면서 농사지을 달에 쓸 곡식을 비축해 놓는다. 집집마다 서로 본받고 사람들이 저마다 힘쓴다. 그렇기에 안동은 영남지방이라 토질이 나쁘지만 비록 농사를 망치게 되더라도 백성들이 떠돌아다니지 않는다. 이것이 어찌 부지런히 일하고 아껴 쓰는 효과가 아니겠는가?

중국은 물이 깊고 토양이 기름져서 작물을 길러 내는 힘이 우리나라에 비하여 월등히 뛰어나지만 먹고 마시는 것은 지극히 간소하다. 일본의 풍속은 검소하고 인색함이 더욱 심하다. 여진인들은 비록 어리석지만 앞날을 대비할 줄 안다. 가을에 벼를 거두고 나면 매달 쓸 만큼을 계산하여 열두 개의 움땅을 파서 만든 저장고을 파서 거기에 나누어 넣고 한 해를 준비한다.

오직 우리나라 사람만이 마음대로 쓰고 입에 맞는 대로 먹으며, 허세와 사치를 다투어 숭상한다. 또한 다른 사람에게 빌려서라도 술을 마시고 밥을 먹는다. 눈앞의 즐거움만을 도모하느라 위로 부모를 섬기고 아래로 자식을 기를 수 없을 뿐만 아니라 떠돌아다니거나 간혹 죽기도 하는 것이다. 이러니 흉년에는 어떻게 서로를 보전하며 살아갈 수 있겠는가?

이 모든 것을 나라 안팎에 널리 알려, 위로는 공경대부公卿大夫로부터 아래로는 백성에 이르기까지 내 뜻을 받들어 근검勤儉하고 절용節用하여 생업生業을 이루고 함께 태평을 누리게 하라."

사관은 논평한다. "사치와 허세를 숭상하는 풍속이 있어 주상께서 근검하라는 명을 내리셨으니 이는 모두 전하의 고심에서 나온 것이다. 그러나 사치는 모두가 좋은 의복과 맛있는 음식만을 귀하게 여기는 데서 비롯된 것이다. 분수에 넘치게 쓰고 절제하지 않는 것이 풍속을 이루었으니, 탄식할 따름이다."

_ 성종 3년(1472, 임진) 8월 23일

대왕대비가 승정원에 전교를 내렸다.

"전에 『안동풍속』安東風俗을 간행한 것은 풍습을 검소하게 하려는 뜻이었다. 그런데 아직도 그 효과를 보지 못하고 있다. 이에 주상께서 몸소 절약하고 검소하게 행하시어, 의복이 소박한 것을 중히 여기신다. 그래서 오직 상참과 경연에서만 비단으로 만든 겉옷을 입으시니, 너희들은 이러한 뜻을 깊이 생각하라."

이날 승지들은 모두 화려한 옷을 벗었다.

_ 성종 4년(1473, 계사) 3월 6일

상의원尙衣院: 국왕의 의복 및 왕실의 재화·보물 등 물품을 담당하는 관청에 전교하였다.

"각 명절과 기념일에 바치는 겉옷에는 사라紗羅: 무늬 없는 고운 비단와 능단綾緞: 여러 가지 색깔의 실을 입체적으로 직조해서 무늬가 있는 비단을 사용하지 못하도록 이미 명하였다. 그런데 지금 내가 태어난 날에 금실로 용무늬를 수놓은 흉배胸背: 가슴과 등 장식와 어깨 장식을 바치니, 매우 옳지 못한 일이다. 후에는 이와 같이 하지 말도록 하라."

_ 성종 6년(1475, 을미) 8월 1일

내전에서 임금이 쓰던 망건網巾을 내놓았다. 상의원으로 하여금 해진 곳을 고치고 깁게 하였는데, 닳아서 구멍난 곳이 많았다. 어의御衣의 흰 옷깃도 또한 오래되어 때 타고 바랜 곳이 많았으니, 검소함이 이와 같았다.

_ 성종 22년(1491, 신해) 9월 5일

2-6. 경연의 제왕, 공부를 즐기다

경연經筵*에 나아갔다. 이날 조회에서 한명회와 최항崔恒이 아뢰었다.

"제사를 행한 뒤에 다시 경연에 나아가면 성상의 옥체가 피로하실까 염려됩니다."

이에 임금이 말하였다.

"나는 하루라도 배우지 못하는 것을 애석하게 생각한다. 제사를 지내기 전 목욕재계하는 사흘 동안에는 경연을 할 수 없지만

* '경연'은 임금이 유학 경전과 역사를 공부하고, 어떻게 백성들을 보살펴야 하는지에 대해 신하들과 토론하는 자리다. 설민석의 『당신이 놓치고 있는 한국사』에 따르면 "성종은 재위 25년간 무려 9,229회의 경연을 했다. 경연 횟수 2위는 영조인데, 그는 재위 51년 동안 3,458회의 경연을 했다." 타의 추종을 불허하는 역대 최고 기록이다. 25년은 날수로 9,125일인데 9,229회의 경연을 했다는 것이다. 왕실 제사와 외부 행사, 강무(講武: 사냥 겸 군사훈련)가 있는 날에는 경연을 할 수 없었던 점을 고려하면 성종이 얼마나 성실하게 경연에 참여했는지 알 수 있다.

제사를 지내는 날에는 그만둘 수 없다."

_ 성종 1년(1470, 경인) 2월 6일

원상 김질金礩 등이 아뢰었다.

"지금 매우 무덥습니다. 하루에 세 번 경연에 나아가는 것은 옥체를 피로하게 할까 염려되니, 주강晝講: 정오에 하는 경연을 그만두시길 청합니다. 또 석강夕講: 저녁에 하는 경연에도 평소에 입는 간편한 복장으로 행하시는 것이 편하겠습니다."

이에 임금이 말하였다.

"나는 촌음도 아까운데 어떻게 주강을 그만둘 수 있겠는가? 또한 평상복을 입고 신하들을 접견할 수는 없다."

_ 성종 1년(1470, 경인) 6월 5일

대왕대비가 임금이 쉬지 않고 책을 읽는 모습을 보고 말하였다.

"피로하지 않으십니까?"

이에 임금이 대답하였다.

"마음이 저절로 좋아지므로 피로한 줄을 모르겠습니다."

_ 성종 2년(1471, 신묘) 2월 29일

2-7. 강학의 현장, 밤새도록 이어지다

『대학』을 논하다

승정원에 전하여 말하였다.

"이학理學: 성리학을 아는 대신을 적어서 올리면 내가 이전에 했던 것처럼 그들과 함께 여러 가지 주제에 대해 논하겠다."

승정원에서 문신들의 이름을 써서 올렸다.

"좌의정 윤필상尹弼商·우의정 홍응洪應·선성부원군宣城府院君 노사신盧思愼·영중추領中樞 이극배李克培·영돈녕領敦寧 윤호尹壕·달성군達城君 서거정徐居正·양천군陽川君 허종許琮·예조판서禮曹判書 이파李坡·공조판서工曹判書 손순효孫舜孝·함종군咸從君 어세겸魚世謙·성균관 동지사同知事 이극기李克基."

임금이 선정전宣政殿으로 나오시고 윤필상 등이 모두 모이자 주연酒宴을 베풀도록 명하였다.

임금이 말하였다.

“며칠 전에 논쟁하는 것을 들어 보니 내 마음이 매우 흡족했다. 오늘도 그때처럼 논해 보는 것이 좋겠다.“

이에 윤필상 등이 아뢰었다.

“청컨대 신들이 묻고 이파, 손순효, 어세겸魚世謙, 이극기李克基로 하여금 대답하게 하소서.”

임금이 말했다.

“좋다.”

드디어 『대학』의 명명덕明明德: 밝은 덕을 밝히다, 신민新民: 백성을 새롭게 하다, 지어지선止於至善: 지극한 선에 머무르다을 강론하고 또 심心·성性·정情을 논했다. 이극기가 논리정연하게 답하고 손순효도 뒤이어 대답했다.

임금이 말하였다.

“예판禮判(이파)과 함종군咸從君(어세겸)은 대답하지 않았으니, 마땅히 묻도록 하라.”

이파가 곧 대답했다.

“인의예지仁義禮智 사단四端이 발할 때는 이理만 있고 기氣는 없는 것으로 자연히 나오는 것입니다.”

좌우에서 모두 말하였다.

“이파의 대답은 망령된 것입니다. 사단이 발하는데 어떻게 기

氣가 없겠습니까? 기가 없으면 사단이 어디로부터 발하겠습니까?"

그러나 이파는 자기 주장을 굽히지 않았다. 임금이 말하였다.

"의견을 하나로 모으는 것이 좋겠다."

이에 좌우에서 이파의 이론을 꺾으니, 이파가 조금 굽혔다.

임금이 말하였다.

"여러 선비들 중 이파와 생각이 같은 사람이 있는가? 승지, 주서, 사관들은 모두 말하라."

도승지 노공필盧公弼이 대답하였다.

"천하만물 중에 어찌 기氣가 없는 것이 존재하겠습니까? 사단이 발하는 것은 반드시 기가 있는 것인데, 이파의 말은 망령된 것입니다."

이에 임금이 미소지었다.

강론이 반명盤銘: 탕왕의 욕조에 새긴 글귀에 새겨진 '날마다 새롭게 한다'[日新]라는 말에 이르자, 손순효가 나아가서 소리 높여 말하였다.

"전하께서 날마다 새롭게 하고 또 새롭게 하여 그 밝음이 그치지 않으니 성상의 덕은 신이 흠잡을 수 없습니다. 앞으로도 그 덕을 새롭게 하여 처음부터 끝까지 한결같이 하소서."

서거정이 말하였다.

"나라를 다스리는데 필요한 것은 『대학』만 한 것이 없으니, 원컨대 마음에 새기소서."

윤필상이 말했다.

"『대학』의 강론을 마쳤으니, 또 무슨 책을 강론하면 좋겠습니까?"

손순효가 나아가서 말했다.

"『대학』에 아직 강론하지 않은 곳이 있습니다. 마지막 장에 '만약 한 신하가 진실함이 한결같다면 특별한 재주가 없더라도 그 마음이 깨끗하여 욕심이 없으니 다른 이들을 포용하는 도량을 가지고 있다'라고 했습니다. 대신이 된 자가 군자를 뽑아서 여러 벼슬에 고루 배치한다면 이는 인정할 만한 자입니다. 하지만 사사로운 자신의 무리를 끌어다가 안팎에 기용한다면 이는 용납할 수 없는 자입니다."

손순효가 다시 아뢰었다.

"『서경』書經에 이르기를, '성인聖人이라도 생각하지 않으면 어리석게 되고, 어리석은 자도 생각을 하면 성인이 된다'고 했습니다. 원컨대 전하께서는 경敬으로써 안을 다스리고, 의義로써 바깥을 바르게 한다는 뜻을 유념하소서."

이에 윤호尹壕가 아뢰었다.

"지난 전하의 탄신일에 시를 짓도록 명하셨는데, 시를 짓지 않은 이는 손순효뿐입니다."

임금이 내관으로 하여금 재촉하게 했더니 손순효가 '충서'忠恕 두 글자를 써서 올렸다. 임금이 웃으며 말하였다.

"공판이 전에 도승지로 있을 때 나에게 항상 요堯·순舜의 도로써 행하기를 권하였다. 오늘 비록 취하였으나 그의 말은 모두 충심에서 나온 것이다."

_ 성종 13년(1482, 임인) 11월 24일

『주역』·『중용』·『시경』을 논하다

『대학』의 강론을 마치자, 임금이 『주역』周易을 논하도록 명하였다. 허종이 건괘乾卦 초구初九에서 구이九二·구삼九三까지 물으니, 이극기가 『대학』을 물었을 때처럼 명석하게 대답하지 못했다.

임금이 말하였다.

"마땅히 하도河圖와 낙서洛書를 물으라."

허종이 하도 낙서의 수數를 묻고 이극기 등이 대답하였다. 임금이 말하였다.

"『중용』을 물으라."

이극배李克培와 허종이 장章마다 물었다. 강론이 구경九經에 이르자, 손순효가 아뢰었다.*

"재물을 천하게 여기고 덕을 귀하게 여김은 어진 이가 힘쓰는 바입니다. 전하께서는 마음에 새기소서."

손순효가 또 『주역』 태괘泰卦의 구이九二 효사爻辭를 외면서 그 뜻을 아뢰었다.

"태괘의 형상은 하늘은 높지만 아래에 있고 땅은 낮지만 위에 있습니다. 바로 위와 아래가 서로 사귀는 형상입니다. 지금 전하께서 신들을 만나 겸손하게 물으시고 신들이 주상 전하께 말씀 올릴 기회를 얻었으니, 이것이 바로 태괘의 때입니다."

손순효가 또 아뢰었다.

"충서忠恕, 두 글자를 전하께서는 마음에 담아두소서."

임금이 모두 기쁘게 받아들이며 좌우에 말하였다.

"손판서가 오늘 도움이 되고 경계가 되는 말이 많이 했으므로 내가 상을 내리고자 한다."

* 『중용』 33장에 나오는 '구경'(九經)은 천하를 다스리는 데 필요한 아홉 가지의 도를 말한다. 수신(修身: 몸을 닦아 뜻을 성실히 하여 바른 마음으로 사물의 이치를 궁구하는 것), 존현(尊賢: 어진 이를 존경하는 것), 친친(親親: 친척을 사랑하는 것), 경대신(敬大臣: 대신을 공경하는 것), 체군신(體君臣: 여러 신하를 자신의 몸같이 보살피는 것), 자서민(子庶民: 백성을 자식처럼 대하는 것), 내백공(來百工: 각 분야의 기능인을 잘 대우해서 모이게 하는 것), 유원인(柔遠人: 먼 데서 오는 이방인을 관대히 대우하는 것), 회제후(懷諸侯: 제후를 위로하여 주는 것)가 그것이다.

자색 비단으로 만든 공복公服: 관복을 하사했는데, 밤이 이미 깊었다. 재상들이 주상의 옥체가 피로하실까 염려하여 물러가길 청하였으나 임금이 말하였다.

"임금이 현명한 사대부들과 접하는 날이 적고 내관이나 궁첩宮妾을 가까이하는 때가 많은 것이 문제다. 옛사람이 말하기를 '어진 사대부를 접촉하는 때가 많으면 기질氣質의 변화가 자연히 이루어진다'라고 하였다. 내가 오늘 경들과 강론하며 전에 듣지 못했던 바를 많이 들었으니 유익한 점이 매우 많다. 조금도 피로하지 않으니 경들은 물러가지 말고 계속 강론하라."

이어서 『시경』詩經의 핵심적인 뜻을 강론하라고 명하였다. 윤필상 등이 몇 편을 더 강론하였다.

_ 성종 13년(1482, 임인) 11월 24일

현안을 논하다

강론을 마치자 변경에서 잡혀간 사람을 되찾아 오는 일을 논의하였다. 이극배, 허종 등이 아뢰었다.

"만일 지금 섣불리 군사를 일으켜서 공격한다면 야인들에게 원한을 살 뿐만 아니라 잡혀간 사람들을 모두 찾아올 수 있다는 확신도 없습니다. 지금 쓸 수 있는 계책은 '쳐들어 가서 공격한다'는 소문을 해마다 내는 것입니다. 저들로 하여금 매번 방비하느라 힘쓰게 하여 불안하게 만들면 투항하는 경우가 생길 것입니다."

이때 재상들이 모두 술에 취했는데, 노사신이 아뢰었다.

"전에 이 일을 의논할 때에 손순효가 말하기를, '산꼭대기에 앉아 저들을 불러서 혹은 베고 혹은 매질하겠다'고 했습니다. 오늘 어찌할 것인지 답하라 하시는 것이 어떻겠습니까?"

손순효가 아뢰었다.

"신이 만약 명을 받고 간다면 마땅히 중요한 길목을 막고 산꼭대기에 앉아서 태평소를 불 것입니다. 약주를 따라 마시면서 저들을 불러서 목을 베어 죽이거나 매질할 것입니다. 신이 전에 했던 말은 망령된 것이 아니라 신의 진심입니다."

그러자 좌우에서 몰래 웃었다.

임금이 말하였다.

"변경에서 사람들이 잡혀간 일은 순찰사巡察使 어유소魚有沼가 시기를 놓쳐서 그렇게 된 것이다. 내가 다시 널리 물어보고 조치하겠다."

재상 등이 모두 술에 취하여 부축하여 나갔다.

_ 성종 13년(1482, 임인) 11월 24일

군자와 소인에 대해 논하다

임금이 말하였다.

"오늘도 전날과 같이 강론하고자 하니, 문신文臣으로 함께 강론할 만한 자들을 불러 모아라."

이어서 선정전宣政殿에 나아갔다.

양성군 이승소, 예조판서 이파, 공조판서 손순효, 호조판서 어세공, 문양군文陽君 유지柳輊, 공조참의工曹參議 성현成俔, 대사간大司諫 이세필李世弼, 홍문관弘文館 부제학副提學 유윤겸柳允謙, 성균관成均館 동지사同知事 유진兪鎭 등이 그 자리에 나왔는데, 임금이 술자리를 베풀도록 명하였다.

임금이 말했다.

"전일에 한 강론은 모두가 나를 깨우치는 말이어서 밤새도록 들어도 싫증나지 않았다. 오늘도 그날처럼 하는 것이 좋겠다."

이파가 아뢰었다.

"무슨 책을 강론해야 하겠습니까?"

이에 명하여 『대학』을 강론하게 하였다.

손순효가 이승소에게 물었다.

"임금을 섬기는 도道는 무엇을 먼저 해야 합니까?"

이승소가 말했다.

"적심赤心: 참되고 정성스러운 마음뿐입니다."

이세좌가 말했다.

"임금의 도는 성의誠意와 정심正心입니다. 군자를 등용하고 소인小人을 물리치는 것을 근본으로 삼아야 합니다."

이파가 물었다.

"옛 임금 중에서 뜻을 성실히 하고[誠意] 마음을 바르게[正心] 하여 소인을 물리친 이는 누구입니까?"

도승지 노공필이 답했다.

"순舜임금이 사흉四凶: 공공(共工)·환도(驩兜)·삼묘(三苗)·곤(鯀)으로, 요임금 시대의 네 악인을 내쫓은 것이 이것입니다. 하지만 송宋나라 신종神宗은 왕안석王安石: 송나라 때 문인이자 정치가, 중앙집권강화를 위해 추진했던 신법(新法)으로 인해 사대부들의 비판을 받음의 간사함을 알지 못하고, 당唐나라 현종玄宗은 양국충楊國忠·이임보李林甫를* 어질다고 여겼습니다. 이는 성의誠意·정심正心의 공부가 없었기 때문입니다."

임금이 말하였다.

"위대한 순임금은 뜻이 성실하고 마음이 반듯해서 거울처럼

* 양국충(楊國忠: ?~756)은 당나라의 무관이자 정치가로 양귀비의 사촌오빠이다. 환관 고력사 등과 결탁한 환관정치로 40여 개의 관직을 독점하여, 외척정치의 표본으로 손꼽힌다. 안사의 난 때 처형되었다. 이임보(李林甫: ?~756)는 당 현종 후기의 재상으로, 음험하고 책략이 많아서 '입에는 꿀, 뱃속에는 칼'(口蜜腹劍)이라고 불렸다 한다.

맑고 저울처럼 공평했다. 그런 까닭에 사흉의 간사함을 알고 내쫓을 수 있었다. 왕안석이 소인이 되는 이유를 경들은 자세히 말해 보라."

그러나 모두 신종이 왕안석의 간사함을 알지 못한 것만을 말하고, 왕안석이 어째서 소인인가 하는 것은 분명히 논하지 못하였다.

임금이 명하여 종이와 붓을 가져오게 하고 손순효에게 주면서 시를 짓게 했다. 손순효가 한 구절도 짓지 못하고는 종이를 찢고 붓을 휘둘렀다. 좌우의 신하들이 모두 술에 취했는데 유지는 무릎을 세워 앉았고 손순효는 앉아서 춤을 추었다. 이승소가 말했다.

"내가 예전에 노래로 화답했다는 말은 들었으나, 춤으로 화답했다는 것은 듣지 못했다."

이날 손순효가 몹시 취하여 절도 잃은 말을 많이 했는데, 임금이 관대히 용서하였다. 여러 재상들도 모두 취하여 승정원의 관리로 하여금 부축해서 나가게 했는데 밤이 이미 깊었다.

_ 성종 13년(1482, 임인) 11월 29일

2-8. 시를 사랑하다

임금이 시를 짓다

임금이 경복궁에 거둥하여 대왕대비를 뵙고 축수祝壽하는 술잔을 받들고 친히 시詩를 지어 바쳤다.* 그 시는 이러했다.

> 초전椒殿: 대비의 거처에 상서로운 기운 어리니 복을 누려 합당하고
> 천지에 가득한 양기陽氣 또한 남몰래 베푸는 은혜와 같네.
> 낭원閬苑: 신선이 사는 곳의 반도蟠桃: 복숭아는 3천 년 만에 열리고

* 성종은 신하들에게 시시때때로 시를 지어 올리게 해서 감상했고, 스스로도 어제시(御製詩)를 지어 아끼고 사랑하는 사람들에게 내렸다. 『열성어제』(列聖御製)에 직접 지은 시문이 200편 넘게 남아 있으니, 시에 대한 성종의 관심과 사랑이 어떠했는지 짐작할 만하다.

인간 세상의 오래된 잣나무는 백 아름일세.

오늘 이곳에 왕모王母의 잔치를 여니

마음은 노래자老萊子: 중국의 24효자 중 한 사람. 70세 때 어린애의 옷을 입고 아이처럼 장난을 하여서 부모를 즐겁게 해드렸다보다 더 합니다.

축수하는 술잔따라 취해 가건만 이 은혜 어찌 다 갚으리오

아침저녁으로 길이길이 받들리다.

대비가 나가서 영돈녕領敦寧 윤호尹壕에게 이 시를 보였다. 윤호가 잔치에 참여한 모든 신하들로 하여금 화답하는 시를 지어 올리기를 청했다.

대비가 말했다.

"좋다."

_ 성종 13년(1482, 임인) 11월 11일

시를 지어 바치게 하다

임금이 직접 지은 풍월정시風月亭詩를 승정원에 내리고 말했다.

"내가 일찍이 월산대군月山大君: 성종의 형의 집에 거둥하였더니, 대군이 정자를 짓고 이름을 정하지 않았었다. 내가 풍월風月이라 이름 짓고, 이 시를 지었다. 이에 대군이 현판을 만들어 걸었는는

데 화운和韻: 남이 지은 시의 운을 따서 화답하는 것하는 자가 없는 것을 안타까워했다. 모든 승지는 각각 화운하여 시를 지어 올리라."

_ 성종 8년(1477, 정유) 8월 8일

궁궐에 있던 설경도雪景圖 한 폭을 내어 영산부원군永山府院君 김수온金守溫, 달성군 서거정, 예조판서 이승소, 함종군 어세겸에게 명하여 칠언율시七言律詩를 함께 지어 바치게 하였다.

그 시는 이러했다.

큰 산은 하늘을 넘어 만 길토록 높다란데
눈 내려 하룻밤 사이 온 세상 희구나
봉우리는 안팎이 깎아지른 듯 하고
나뭇가지 높게 낮게 부러질 듯 늘어졌네.

우레도 얼어붙어 비를 내리지 못하고
바위는 차디차 원숭이도 오가지 않는구나
길이 사라지니 산속 깊숙한 절 어찌 찾아가랴
다리는 끊겨 묵은 이끼 밟는 사람 없구나.

하늘 땅 사이에 기운은 맑디 맑고

누대樓臺 위아래에 티끌 하나 없구나
골짜기를 뒤덮기는 잘하는 일이지만
새싹에 물 대주는 것 또한 아주 큰 재주로다.

추위는 산속에서 여전히 힘을 쓰나
봄기운은 땅 밑에서 이미 움트는구나
사람들은 벌써 풍년이 오겠다 기뻐하지만
천지사방에 가득할 남풍南風은 아직 오지 않았네.

곧 지중추부사知中樞府事 성임成任에게 명하여 그림 위에 이 시를 쓰게 하였다.

_ 성종 10년(1479, 기해) 2월 1일

어느 멋진 가을 날

임금이 환궁하다가 삼전포三田浦: 지금의 송파에 이르러 누선樓船: 다락이 있는 배을 타고 배 10여 척을 매어 방주方舟를 만들었다. 여러 종친宗親과 신하들을 불러 술상을 내리고 악공으로 하여금 음악을 연주하게 하였다. 이때 강산江山이 맑고 아름다워 가을 경치가 그림과 같았다.

임금이 즐거워하며 사면을 둘러보고 주위 사람에게 명하여 즉석에서 율시律詩를 지어 올리게 하였다. '홍'紅 자로 운韻을 삼았는데, 박안성朴安性이 '홍' 자를 달아 시를 지었다.

"일신홍一身紅(온몸이 붉어라)."

임금이 말하였다.

"술을 좀 마셨다고 어찌 '일신홍'이라고까지 하는가?"

명하여 벌주를 내렸다.

이계동李季仝은 무인武人인데도 시를 지어 올렸으므로, 임금이 기뻐하며 감탄하기를 두세 번이나 하고 상으로 술을 내렸다.

이극증李克增은 크게 취하여 손뼉을 치며 몸을 으쓱거렸고, 일어나 춤추려고 한 것이 여러 번이었다. 임금이 돌아보고 웃으면서 도승지 한건韓健에게 명하였다.

"광천군廣川君이 취하였다. 넘어져 다칠까 염려되니, 그 아우 이극균李克均으로 하여금 부축하여 돌아가게 하라."

술자리가 파하고 임금이 대주정大晝停: 임금이 행차하는 도중에 잠깐 머물러서 낮수라를 드는 곳에 이르자, 지평持平 권빈權璸이 아뢰었다.

"이극증이 배 안에서 술에 취하여 주상 전하께 결례를 범했으니, 청컨대 국문하소서."

임금이 말하였다. "취한 사람을 죄줄 수 없다."

_ 성종 20년(1489, 기유) 9월 3일

2-9. 시 짓기, 만류해도 소용없다

경연에 나아갔다. 강론하기를 마치자, 정언正言 권경우權景祐가 아뢰었다.

"주상께서는 성인聖人의 학문에 밝으셔서 지으신 시가 모두 천성에서 나온 것이지 억지로 쓴 것은 아닙니다. 그러나 선대의 유학자가 말하기를, '덕행德行은 근본이고 문예文藝는 말단이다'라고 하였습니다. 지난번에 주상께서 풍월정시風月亭詩를 지어 월산대군에게 내리고, 압구정시狎鷗亭詩를 지어 한명회에게 내리니 모두 현판에 새겼습니다. 풍월정은 사람들이 보기 어려운 곳이므로 괜찮지만, 압구정은 한강가에 있습니다. 만일 중국 사신이 와서 한강에서 놀다가 우연히 이 정자에 올라 어제시御製詩: 임금이 직접 지은 시를 본다면 전하께서 여러 신하들과 더불어 시를 주고받기를 좋아한다고 여길 것입니다.

임금이 좋아하는 것은 민간에서 숭상하기 마련입니다. 만일 아랫사람들이 주상께서 시와 문장 짓기를 좋아하시는 것을 알게 된다면 성현聖賢의 글은 읽지 않고 오직 시 짓기만을 일삼을 것입니다. 그러므로 임금이 좋아하는 것은 사람들에게 쉽게 드러내서는 안 됩니다. 우리 문종께서는 글씨를 잘 쓰셨으나 민간에는 거의 남아 있지 않습니다. 그렇기에 사람들이 한 글자만 보게 되더라도 귀한 황금과 같이 여깁니다. 전하께서 지난번에 「등왕각서」滕王閣序*를 써서 한명회에게 내리셨습니다. 한명회가 그것을 현판에 새겼으므로 사람들이 다투어 찍어 내어 병풍으

* 「등왕각서」는 당(唐)나라 초기의 문인 왕발(王勃)이 지은 서문으로 중국 4대 명문 중 하나로 일컬어진다. 당시 26세이던 왕발은 염백서(閻伯嶼)가 등왕각(滕王閣)을 고쳐 짓고 베푸는 연회에 참여하게 되었다. 이때 염백서가 손님들에게 누대의 서문을 쓸 것을 청하자 왕발이 나서서 지은 글이다. 「등왕각서」는 상당히 긴 문장인데 그 내용은 이 누대를 보수한 염백서의 인품이 훌륭하고 학식이 높음을 칭송하고 등왕각이 자리잡은 장소의 아름다움, 그리고 건물 자체의 아름다움을 칭찬하는 것이다. 사람들이 「등왕각서」 중에서도 백미로 꼽는 문장은 "落霞與孤鶩齊飛(떨어지는 저녁노을은 외로운 기러기와 창공을 날고) 秋水共長天一色(드넓고 맑은 가을 물빛 창랑한 하늘과 한 색을 이루는 구나)"라는 문장이다. 그리고 「등왕각서」 맨 뒤에 붙인 7언 절구 또한 명시로 손꼽힌다. 여기서 성종이 한명회에게 써준 글은 이 시였을 것으로 추정된다.

滕王高閣臨江渚(등왕각 강가에 높이 솟아 있건만) /佩玉鳴鸞罷歌舞(그 곱던 노래와 춤은 그쳐버렸네)

畫棟朝飛南浦雲(단청 고운 기둥 구름이 흘러가고) /朱簾暮捲西山雨(주렴을 걷으니 서산에 빗긴 빗발)

閒雲潭影日悠悠(한가한 구름 못에 그림자 드리고) /物換星移度幾秋(수도 없이 바뀌고 뒤집힌 세월들)

閣中帝子今何在(등왕각 노닐던 등왕 지금은 어디에) /檻外長江空自流(난간 너머 장강만 쓸쓸히 흐르네)

로 만들었습니다. 신은 옳지 않다고 생각합니다."

임금이 말하였다.

"대군과 정승이 나에게 시 짓기를 청하기에 거기에 응했을 뿐이다. 고려 현종顯宗은 시 짓기를 좋아하여 날마다 여러 신하들과 시를 주고받았다. 나는 이처럼 하지는 않았다. 또한 한명회가 병풍으로 쓰겠다고 내 글씨를 청하였는데, 현판으로 새길 줄은 나도 몰랐다. 내 어찌 아름다운 글씨를 자랑하고자 했겠는가?"

동지사同知事 이승소가 말하였다.

"신은 권경우의 말이 지나치다고 생각합니다. 시를 주고받는 것은 덕을 해치는 것이 아닙니다. 임금이 엄하기만 할 수 없습니다. 그러므로 선대의 임금께서 잔치를 여는 의식을 정하여 임금과 신하의 정을 통하게 했습니다. '녹명'鹿鳴: 『시경』(詩經)의 소아(小雅) 가운데 한 편의 시이 바로 그것입니다. 요순시절에도 「갱재」賡載의 노래가 있어 임금과 신하가 시를 지어 서로 화답했고, 정사에 대해서도 의견을 주고받았습니다.

우리나라는 대국을 섬기는 나라인데 문장이 아니면 마음을 통할 수 없습니다. 옛날 과거시험에서 경서만 가지고 인재를 뽑았더니 모두가 썩은 선비였습니다. 그래서 문장으로 인재를 뽑았습니다. 이처럼 문장은 중요한 것입니다. 당唐 태종太宗 역시 팔서체八書體 중 하나인 비백서飛白書를 썼는데 여러 신하들이 다투어 취하였습니다. 글씨 쓰기를 좋아하는 것이 성덕聖德에 누가 되지 않습니다."

영사領事: 조선시대 삼사·돈령부·경연·집현전·홍문관·예문관·춘추관·중추부 등의 으뜸 벼슬 한명회가 말하였다.

"요순시절에도 「갱재」의 노래가 있었으니, 지금 주상께서 여러 신하들과 시를 주고받는 것이 무엇이 해롭겠습니까?"

그러자 권경우가 다시 말하였다.

"「갱재」의 노래는 모두 자연스럽게 나온 것인데, 어찌 지금의 경우와 같겠습니까?"

임금이 말하였다.

"그대의 말이 옳다. 한낱 웃음거리가 될 뿐이니, 내 심히 부끄럽다."

한명회에게 현판을 철거하고 「등왕각서」를 도로 들이라고 명하였다.

_ 성종 8년(1477, 정유) 9월 28일

경연에 나아갔다. 강론을 마치자, 헌납獻納: 사간원의 정5품 벼슬. 임금의 잘못을 지적하여 고치게 하는 일을 맡았음 김미金楣가 아뢰었다.

"신들은 주상께서 직접 시를 지으시거나 승지로 하여금 시를 짓게 하셨다는 말을 여러 번 들었습니다. 당나라 태종 때 황제가 지은 글을 찬집撰集: 모아서 책으로 펴내는 것하자고 청한 자가 있었습니다. 태종이 말했습니다. '임금이 되어 덕치가 이루어지지 않는 것을 걱정해야지, 문장이 뭐 그리 중요하겠는가?' 또 진陳나라 후주后主나 수隋나라 양제煬帝의 문집이 세상에 널리 퍼졌으나, 나라가 망할 때에는 아무 소용이 없었습니다. 이를 교훈으로 삼아야 합니다."

임금이 말하였다.

"요즘 내가 지은 시는 없고, 승지 현석규玄碩圭에게 한 번 시를 짓게 했을 뿐이다. 우리나라는 예전부터 문헌의 나라라고 불려왔다. 또한 중국 사신이 오면 서로 시를 주고받으며 어울리니 어찌 시 짓기를 그만둘 수 있겠는가? 진나라 후주나 수나라 양제, 고려 의종毅宗은 풍월을 읊다가 나라를 혼란에 빠뜨렸다. 하지만 나는 이들처럼 심하게 시 짓기에 빠진 것은 아니다. 어찌 모든 신하들로 하여금 시를 못 짓게 할 수 있겠는가?"

영사 윤필상이 아뢰었다.

"성상께서 모든 일에 부지런하시고 강학講學을 게을리하지 않으시니, 때때로 문예를 즐기신들 무슨 문제가 있겠습니까?"

이에 김미가 말하였다.

"신은 성상께서 시에 탐닉한다고 말씀드린 것이 아닙니다. 승정원은 임금의 명을 출납하는 곳인데 승지들이 시 짓기를 일삼아 맡은 바 책무를 소홀히 할까 염려한 것입니다."

임금이 말하였다.

"승지들이 시를 지으면 안 된다는 말인가? 더는 말하지 말라."

_ 성종 10년(1479, 기해) 2월 21일

2-10. 그림 그리기를 막는다면 도화서를 없애리라

도화서를 없애겠다

승정원에 명하였다.

"오늘 아침 경연에서 이세광李世匡이 내가 화공을 모아 초목草木과 금수禽獸를 그리게 한 것이 잘못이라고 말하였다. 이에 내가 도화서圖畫署를 없애려고 하는데, 그대들의 뜻은 어떠한가?"

모두 아뢰었다.

"옛말에 '장인들의 모든 기예技藝는 하나라도 없어서는 안 되니, 오히려 그 기술을 정밀하게 해야 한다'라고 했습니다. 어찌 한 사람의 치우친 소견으로 갑자기 도화서를 없앨 수가 있겠습니까?"

임금이 말하였다.

"이세광 등은 모두 현명한 사람인데, 어찌 도리에 맞지 않는 말을 했겠는가? 대간臺諫이 임금에게 간언할 때는 동료들과 먼저 의논을 한다. 그러니 대간들을 모두 불러서 내 뜻을 알린 후에 도화서를 없애는 것이 좋겠다."

모두 아뢰었다.

"풍수지리와 무속의 일도 그만둘 수 없는데, 선왕先王의 영정影幀을 그리는 도화서를 어찌 없앨 수 있겠습니까. 이미 관청을 설치하고 직무를 나누었으니, 그 기술을 발전시키지 않을 수 없습니다. 이것을 어찌 단순히 즐기는 일에 견줄 수 있겠습니까?"

다시 전교하였다.

"만약 초목과 금수를 보고 즐기고자 한다면 살아 있는 것을 구경할 것이지, 어찌 그림으로 그리겠는가? 이세광이 '선왕의 영정을 화공이 그리지 않더라도 문제가 없다'고 하니 내가 도화서를 없애려고 한다."

잠시 후 대간들이 모두 모이자, 임금이 말하였다.

"오늘 아침에 이세광 등이 내가 화공을 모아서 초목과 금수를 그리는 것을 잘못이라고 하였다. 그것이 너희들이 함께 의논하고 한 말인가? 『시경』詩經에, '암사슴 숫사슴 살쪄 윤기 흐르고, 백조는 깨끗하고 희기도 하네'라고 하였다. 그러니 옛날 제왕들이 새와 짐승을 보고 즐기지 않은 것이 아니다. 하지만 이세광 등이 그것을 잘못되었다고 했기 때문에 이제 그림 그리는 일을 그만두고, 도화서를 없애려고 한다. 해서 만약 선왕의 영정을 그리지 못하게 된다면 신하된 그대들의 마음은 편하겠는가?"

_ 성종 9년(1478, 무술) 8월 4일

도화서를 없앨 수 없습니다

대사헌 김유金紐가 아뢰었다.

"지난번 신에게 명하여 구현전求賢殿: 창덕궁에 있는 전각에 나아가서 그림 그리는 일을 살펴보게 하셨습니다. 동료들이 신에게, '대사헌이 그림 그리는 일에 관여하는 것은 적절치 못한 일이 아닌가?'라고 말하기에, '내가 도화서 제조提調: 감독 책임자를 맡았으니, 입궐했을 때 살펴보는 게 무슨 문제이겠는가?'라고 했습니다. 그 뒤에 동료들이 말했습니다. '성상께서 살아 있는 새를 잡아오고 초목을 가져다가 궐내에서 그것을 보고 그리라고 하셨네. 그림을 숭상하는 조짐이 있으니 상소를 올려 그만두시게 함이 어떠한가?'

신이 대답했습니다. '모든 장인들의 기예는 그 능력을 향상시키는 것이 아름다운 일이다. 살아 있는 새를 잡아온 것은 그림이 실제와 같은지 비교해 보려고 한 것일 뿐이다. 어찌 보고 즐기려

고 그렇게 한 것이겠는가?'

동료들이 다시 말했습니다. '임금이 좋아하고 숭상하는 것에 치우침이 있으면 폐단이 생기는 법이네. 성상께서 그림을 좋아하시는 것이 지금은 심하지 않지만 그럴 조짐이 보이니 어찌 간하지 않을 수 있겠는가?'

신도 그것을 옳다고 여겨서 말씀드리는 것이 좋겠다고 한 것입니다. 이세광이 아뢴 뜻은 주상께서 좋아하고 숭상하는 것에 치우침이 있을까 염려한 것이지, 도화서를 없애려고 한 것이 아닙니다. 예복의 문양에서부터 선왕의 영정에 이르기까지 모두 화공에게 명하여 그리게 하고 있습니다. 이처럼 그림의 쓰임이 글자와 맞먹는데, 어찌 없앨 수 있겠습니까?"

여러 대간들이 함께 아뢰었다.

"도화서를 없앨 수 없습니다."

그러자 사헌부에 물었다.

"그렇다면 이미 도화서가 있는데, 실물을 보고 그리는 것이 잘못이라고 말할 수 있는가?"

대사헌 김유가 아뢰었다.

"도화서는 본래 그림을 그리기 위해서 설치한 것입니다. 도화서가 있으니 실물을 보고 그리는 것을 그만둘 수 없습니다. 신들은 성상께서 좋아하고 숭상하는 것이 혹시 치우칠까 염려한 것일 뿐입니다."

임금이 말하였다.

"오늘 아침 이세광이 한 말은 옳지 않았다. 내가 죄주려고 했으나, 다만 간관諫官인 까닭에 용서한다. 경들이 도화서를 없앨 수 없다고 하였기에 그대로 따르겠다. 그렇다면 구현전에서 그림 그리는 일은 그대로 둘 것인가, 그만두게 할 것인가?"

지평 안선安璿이 아뢰었다.

"이미 궐 밖에 도화서가 있습니다. 그런데도 궁 안에서 그림을 그리셔야 하겠습니까?"

김유가 아뢰었다.

"왕실에서 쓰는 문양들은 밖으로 유출되면 안 되기에 부득이 하는 것입니다. 비록 대궐 안에서 그리더라도 성상께서 그림을 좋아하고 숭상하지 않으신다면 무슨 상관이 있겠습니까?"

이에 명하였다.

"구현전에서 그림 그리는 일은 예전대로 하도록 하라."

_ 성종 9년(1478, 무술) 8월 4일

모든 새들을 잡아 바쳐라

승정원에 명하였다.

"각 지방에 명하여 여러 가지 깃털을 가진 새를 종류별로 암수를 갖추어서 바치도록 하라."

승정원에서 아뢰었다.

"모든 새를 빠짐없이 잡아 바치게 하면, 백성들이 떠들썩하게 동요할 것이니 그 폐단이 적지 않을 것입니다."

이에 다시 명하였다.

"새들을 모아서 단지 즐기려고 하는 것이 아니다. 근래의 그림이 실제와 달라서 실물을 보고 그리게 하려는 것이다. 만일 폐단이 있을까 염려된다면, 잡히는 대로만 바치게 하라. 잡기 어려운 것은 굳이 바치지 말라."

_ 성종 18년(1487, 정미) 9월 22일

三. 신진세력과 소인논쟁

3-1. 원상을 없애다

경연에 나아갔다. 강론이 끝나자 사헌부 지평 박시형朴時衡이 아뢰었다.

"대신大臣에게 제조提調*의 일을 맡기는 것은 마땅치 않습니다. 하물며 『경국대전』에서 정해진 도제조都提調를 두지 않는 관청마다 대신을 제조로 임명하고 있습니다. 이는 대신을 공경하는 뜻이 아닙니다. 대신이 작은 관청의 제조가 되는 것은 마땅치 않습니다.

또 전하께서 즉위하신 초기에는 원상院相과 더불어 정사를 의논해야 했으나, 지금은 전하의 학문이 높아져서 모든 일을 직접

* 제조는 기술 분야의 일을 맡았던 관청을 지휘하고 감독하는 임무를 띤 관직이다. 일반적으로 고위 관직(종1품, 또는 2품)에 있는 사람이 겸직(兼職)으로 임명되었는데, 중요한 업무를 관장하는 관청에는 제조 위에 정1품인 도제조(都提調)를 임명했다.

결정하실 수 있습니다. 조정에 일이 있으면 승정원에서 의논을 하거나 혹은 주서注書: 승정원 관리로 기록을 담당함를 시켜 대신의 집에 가서 묻게 할 것이요, 만일 큰일이 있으면 불러들여 함께 의논할 것이지 연로한 신하들을 아침저녁으로 승정원에 앉아서 일하게 하는 것은 옳지 못합니다."

임금이 말했다.

"내가 대신을 공경하지 않아서 제조로 삼은 것은 아니다. 그렇더라도 다시 생각해 보겠다."

원상 한명회·성봉조가 아뢰었다.

"박시형이 대놓고 말하지는 않았지만 그의 뜻은 원상을 맡은 대신들이 정치에 도움이 안 된다는 것입니다. 이에 신들은 혐의가 풀릴 때까지 원상들의 업무 수행을 정지시켜 주시기를 청합니다. 옛날에는 원상제도가 없었습니다. 세조 때 중국의 사신을 맞이하기 위해 신들에게 명하여 승정원에 앉아 정사를 의논하라 하셨고 그후로 이어져 지금에 이르렀습니다. 신들이 일찍부터 그만두기를 청하려 하였으나, 태만하여 일하려 하지 않는다 할까 두려워 감히 청하지 못했을 뿐입니다."

대왕대비가 말하였다.

"원상은 우리 주상 때 시작된 것이 아니다. 하물며 주상께서 나이가 어리시고 나도 아는 것이 없으므로 대신들의 힘에 의지하고자 한 것이다. 이제 사헌부에서 말이 나와 경들의 마음이 편치 못하게 되었으나, 개의치 말라.

그리고 제조를 없애자고 청한 말도 어찌 모두 따르겠는가? 상의원尙衣院: 왕실 의복과 재물을 담당하는 관청은 세조께서 대신 심회沈澮에게 특별히 제조를 명하셨고, 사복시司僕寺: 말과 목장에 관한 일을 담당하는 관청는 맡은 일이 군무軍務에 관계되므로 대신이 맡아야 했고, 장악원掌樂院: 궁중 음악을 담당하는 관청은 세종 때에 세조께서 제조를 맡았었다. 조지서造紙署: 궁중에서 쓰는 종이를 담당하는 관청는 중국을 섬기는 표문表文과 전문箋文에 쓸 종이를 담당하고, 와서瓦署: 기와를 담당하는 관청는 새로 설치한 까닭에 모두 대신이 주관하게 한 것이다. 하지만 이는 임시로 정한 방편에서 나온 것이지 절대적으로 지켜야 할 법은 아니다. 혜민서惠民署: 서민들의 약재와 질병 치료를 담당하는 관청와 전의감典醫監: 궁궐의 약재와 질병 치료를 담당하는 관청의 제조는 없애는 것이 좋겠다."

_ 성종 3년(1472, 임진) 6월 19일

승정원에 전교하였다.

"지금부터 원상들은 경연 도중에 몸이 불편하면 강론이 끝나기를 기다리지 말고 먼저 나가도 된다."

임금이 학문을 매우 좋아하여 하루에 세 번씩 경연에 나아가서 시강관侍講官들과 강론을 하다보면 날이 저물어서야 끝났다. 이에 원상들이 오래 앉아 있어 피로할까 염려하여 이렇게 명한 것이다.

_ 성종 5년(1474, 갑오) 4월 9일

예빈시禮賓寺: 국빈을 대접하는 잔치와 종실 및 재신들의 음식물 공급 등을 관장하던 관서 부정副正 송극창宋克昌 등 다섯 사람이 윤대輪對하였다. 송극창이 아뢰었다.

"전하께서 즉위하신 초기에는 원상을 두어 모든 정사를 꾀하셨으니, 이는 신하들에게 계책 묻기를 좋아하시는 지극한 뜻에서 나온 것입니다. 이제 전하께서는 장성하여 혈기왕성하시고 학문이 높고 밝으십니다. 정사를 돌봄에 있어 크고 작은 일 할 것 없이 밝은 지혜로 결단하시니, 어찌 원상들에게 의지할 필요가 있겠습니까? 원상들은 하루 걸러 입대入對하느라 비 오고 바람 불고 춥고 더울 때에도 의관을 벗지 못하고 있습니다. 나이든 신하들이라 피로할 것이니, 이는 대신을 공경하는 도리가 아닙니다. 원상을 없애도록 명하시길 청합니다. 만약 큰일이 있게 되면 전례에 의하여 빈청賓廳에 모여 그 옳고 그름을 의논한 뒤 주상께서 결단하여 시행하시면 될 것입니다."

이에 원상에게 의논하기를 명하니, 정창손·한명회·조석문·

윤자운·윤사흔이 아뢰었다.

"전일에 신들이 원상을 없애기를 청하였으나 윤허하지 않으셨습니다. 송극창이 윤대에서 한 말은 바로 신들의 뜻과 같으니, 마땅히 아뢴 바대로 따르소서."

임금이 들어주지 않았다.

_ 성종 7년(1476, 병신) 4월 29일

경연에 나아갔다. 강론하기를 마치자, 임금이 영사領事에게 말하였다.

"원상을 없애자는 자가 많다. 그러나 내가 덕이 부족하여 대신들의 도움을 받아야 한다. 만약 의논할 일이 생겨 여러 재상에게 따로 물어보려면 늦어질까 염려하여 원상을 없애지 않은 것이다. 그러나 대신들을 승정원으로 오게 하는 것은 대신을 공경하는 도리가 아니어서 마음이 편치 않았다. 그러니 이제 원상을 없애겠다. 하지만 아침 경연에는 원상들이 이전처럼 참석하도록 하라."

김국광과 윤자운이 아뢰었다.

"신들도 여러 번 없애기를 청했습니다. 신들은 지금 승정원에 있다 하더라도 실제로 하는 일이 없습니다."

의정부에 명하였다.

"원상을 설치한 것은 대개 가까이 두고 편리하게 자문하고자 함이었다. 그러나 환갑이 지난 신하를 이른 새벽과 저녁 늦게 출입하게 하는 것은 그들에게는 건강을 해치는 결과가 되고, 내 입장에서는 대신을 높이 예우하는 도리가 아니었다. 도움을 받는 것이 절실했지만 한편으로는 마음이 편치 않았다. 그런데 얼마 전 원상들이 스스로 쉬기를 청해 왔고, 대간들 역시 대신을 대하는 예의가 아니라고 말한다. 지금부터 원상들은 승정원에 나오지 말도록 하라."

_ 성종 7년(1476, 병신) 5월 19일

3-2. 전국에 학전(學田)을 지급하라

승정원에 명하였다.

"우리나라는 성헌聖賢을 존중하여 성균관成均館을 세웠으니 이는 풍속교화의 근원이 되었다. 유생儒生들이 모두 안자顔子: 공자의 제자 안회와 증자曾子: 공자의 제자 증삼를 배우려고 하니 그들을 먹이고 기르는 일을 넉넉하게 하지 않을 수 없다. 성균관의 노비는 고려 말에 안유安裕: 고려 후기의 문신이며 갑부였던 안향가 바쳐서 충분하다. 하지만 학전學田*이 없어서 뛰어난 인재를 양성하는 데는 충분치 못하다. 그러므로 내가 별도로 학전을 내려서 그 수요에 이바지하여 스승을 높이고 학문의 도를 존중하는 뜻을 보이고

* 학전은 성균관 및 사부학당, 주·부·군·현의 향교 및 사액서원에 나누어 준 밭과 땅을 말한다. 성균관에는 4백 결, 사부학당에는 각 10결, 주·부 향교에는 각 7결, 군·현 향교에는 각 5결, 사액서원에는 3결로 규정되어 있다.

자 한다. 어떻겠는가?"

신하들이 대답했다.

"성균관 유생들의 음식을 마련하는 데에는 양현고養賢庫가 있고, 문묘文廟 제사에 쓰이는 제물은 봉상시奉常寺: 제사와 시호에 관한 일을 맡아보던 관청가 있습니다. 모두 충분히 공급하므로, 지금은 더 필요치 않습니다. 다만 각 지방의 문묘 제사에 쓸 제물과 교수敎授·훈도訓導의 봉급은 관아에서 주는데, 수령들이 소홀히 하고 마음을 쓰지 않아 더러는 주지 않은 곳도 있습니다. 또한 각 관아에 두는 둔전屯田: 각 지방 군사와 관아의 일반 경비에 충당하려고 설치한 전답도 정해진 수를 채우지 못했으니 학전이 나올 데가 없습니다. 이 때문에 지금까지 아뢰지 않았던 것입니다. 만일 각 지방에 주인 없는 땅이 있다면 향교鄕校에 내리는 것이 어떻겠습니까?"

이에 임금이 말하였다.

"만약 주인 없는 땅을 향교에 나누어 준다면 유생들이 앞 다투어 찾아낼 것이다. 이는 이익을 꾀하는 마음을 일으키는 일이다. 성균관은 내가 친히 제사하는 곳이라 제사에 필요한 것과 유생을 먹이는 것에 일정한 대책이 있다. 하지만 별도로 학전을 더 하사한다면 유생들이 나라에서 학교를 중히 여긴다고 생각하여 학문에 더욱 힘쓸 것이다. 이 뜻으로써 의정부와 예조·홍문관에서 의논하라."

정창손·한명회·심회 등이 의논하여 아뢰었다.

"성상의 하교가 마땅합니다."

윤필상이 아뢰었다.

"국학은 풍속과 교화를 맡은 곳입니다. 예로부터 훌륭한 제왕들이 모두 중히 여겨서 땅을 넉넉하게 내려 인재를 양성하였으니, 성상의 뜻이 마땅합니다. 전답을 얼마나 주어야 할지, 어디에서 충당할지 해당 관사로 하여금 의논한 후 아뢰게 하소서. 그런 다음에 다시 의논하는 것이 어떻겠습니까?"

노사신盧思愼이 아뢰었다.

"성균관에 별도로 학전을 주어 그 쓰임을 넉넉하게 하는 것은 진실로 성상께서 스승을 높이고 도를 중히 여기시는 뜻입니다. 그러나 성현을 제사하는 데에도 봉상시에서 제물을 마련하고 있으며, 유생을 먹이는 것도 양현고에서 맡아 부족함이 없습니다. 별도로 학전을 내리시더라도 실지로 보탬이 없고 나라의 재용財用만 허비할 것입니다."

안처인安處仁 등이 아뢰었다.

"예로부터 잘 다스리는 임금은 성현을 높이고 인재를 양성하는 것을 중요한 일로 여겼습니다. 송宋나라 진종眞宗은 전지田地 1백 경1만 무=30만 평을 내렸고, 철종哲宗이 여기에 1백 경을 보태어 내렸으므로, 오늘날까지 미담이 되었습니다. 나라에서 성균관을 세우고 양현고를 설치하였으니 스승을 높이고 선비를 기르는 뜻이 이미 지극한데 또 학전을 더 내리고자 하시니, 사문斯文: 유학의 큰 복입니다.

하지만 서울과 지방에 학교가 있는데, 지방의 향교는 선비를 양성할 자본이 없습니다. 생도 중에는 양식을 싸가지고 다니기가 어려워 학문하기를 주저하는 경우도 있습니다. 예전에 송나라의 손석孫奭이 연주 땅에 학전 10경을 더 주어서 유생들의 양식으로 삼기를 청하여 진종이 그 말에 따랐습니다. 여러 고을에 학전을 준 것은 여기에서 비롯되었습니다. 바라건대, 이 예에 의거하여 학전을 내리시는 것이 어떻겠습니까?"

이에 어서御書를 내려 답하였다.

"전답田畓을 내리는 시행 조목을 해당 관사에 내려서 의논하게 하라. 만약 남는 전지가 있다면 진종의 고사에 의거하여 하사하는 것이 좋겠다."

이어서 승정원에 명하였다.

"유생들이 기숙사에 머무는데 가난한 선비라면 학문하고자 하는 마음이 있어도 양식을 가져오기가 어렵다. 그로 인해 학궁學宮에 오래 머물지 못하는 자가 많을 것이다. 특별히 학전을 내려 그 곤궁함을 구제하면 도움이 될 것이다. 노사신이 보탬이 안 된다고 말하는 것은 무엇 때문인지 나는 알지 못하겠다."

승지들이 아뢰었다.

"노사신의 뜻은 신들도 자세히 알지 못하겠습니다. 그는 문묘 제례와 양현養賢의 법이 이미 선대 왕 때 갖추어졌다고 여겼기에 이와 같은 생각을 아뢰었을 것입니다. 그러나 성균관에 학전을 내리는 것이 어찌 도움이 되지 않겠습니까?"

사관은 논평한다. "학전 두는 것을 먼저 건의한 자가 없었으나 주상께서 유생을 양성하고자 특별히 학전을 내리라고 명하셨다. 이는 우리 사문斯文의 큰 복인데, 노사신이 홀로 반대하며 국가 재정만 허비할 뿐이라고 말했다. 선비 된 자가 과연 이래서야 되겠는가."

_ 성종 15년(1484, 갑진) 11월 26일

석강夕講에 나아갔다. 강론하기를 마치자, 홍문관 부제학副提學 안처량安處良이 아뢰었다.

"성상께서 향교에 학전을 내리라고 하셨는데, 해당 관청에서 이를 중지시켰다고 들었습니다. 신들은 실망스럽기 짝이 없습니다."

임금이 말하였다.

"호조戶曹에서 '각 지방 군현이 모두 3백이 넘는데, 만약 향교에 학전을 다 준다면 군자전軍資田: 군사 비용을 충당하기 위한 땅이 많이 줄어들게 될 것입니다'라고 하였다. 그래서 주지 않았다."

안처량이 아뢰었다.

"각 지방의 유생들 중에 학문에 뜻을 둔 자가 어찌 없겠습니까. 다만 너무 가난하여 글을 읽기 어렵습니다. 인재가 배출되지 않는 이유는 오로지 이 때문입니다. 만약 군수물자에 필요한 땅이라면 그 땅을 학전으로 내리시면 안 됩니다. 그러나 여러 고을에 정해진 숫자 이외의 둔전屯田과 주인 없는 밭이라면 형편에 알맞게 학전으로 하는 것이 어떻겠습니까? 또한 여러 고을을 일시에 다 줄 수는 없겠지만, 법을 정해 두면 점차로 충당할 수 있을 것입니다."

임금이 말하였다.

"그렇다. 호조에서 다시 의논하여 학전을 지급하도록 하라."

_ 성종 15년(1484, 갑진) 12월 2일

3-3. 무관을 기용하라

임금이 승정원에 말하였다.

"문신文臣이라고 해서 반드시 다 뛰어난 것이 아니고, 무신武臣이라고 해서 모두 뛰어나지 못한 것도 아니다. 육조六曹의 판서判書는 해당 관청의 일을 총괄하여 다스려야 하므로 무인이 감당할 수 없다. 그러나 참판參判: 종2품 관직으로 판서 아랫자리 이하라면 문관·무관이 서로 번갈아 맡는다 해도 안 될 것은 없다. 요즘 인재를 기용하면서 문신만을 쓰니, 사람을 쓰는 방도에 어긋난다."

좌승지 박숙진朴叔蓁과 좌부승지 김승경金升卿이 아뢰었다.

"예조판서 이외에 다른 판서는 문신만 쓰는 경우가 없습니다. 그러니 참판 이하 및 낭청郎廳: 하급관리은 문관·무관을 교대로 기용한들 무슨 문제가 있겠습니까? 문신은 안을 다스리고, 무신은 밖을 방어하니, 문·무는 진실로 어느 한쪽도 폐할 수가 없습니다. 요즈음 인재를 발탁할 때 문신만을 쓰니, 이는 사람을 쓰는 도리에 어긋납니다. 이제부터 참판 이하는 문관·무관을 교대로 써서 뛰어난 인재를 임용하는 길을 넓히소서."

도승지 손순효孫舜孝와 우부승지 이경동李瓊仝이 아뢰었다.

"신 등이 생각건대 문·무를 함께 쓰는 것은 이미 시행하고 있습니다. 이 법을 따로 세울 필요가 있겠습니까? 만일 이 법을 세웠다가 무신 가운데 쓸 만한 사람이 없다면 법을 세운 뜻에 어긋날 것입니다. 또한 무신들이 자신의 능력을 헤아리지 못하고 다 등용되기를 희망했다가 관직에 오르지 못하면 반드시 원망하는 마음을 품을 것입니다. 고려 때 문신에게 무관의 직을 내리거나 간혹 무신을 대간으로 삼기도 했습니다. 이는 무신이 거칠고 무례하므로, 그 마음을 달래기 위해서였습니다. 신 등은 이런 법을 세우지 않기를 청합니다. 다만 이제부터 이조吏曹에서 인재를 추천할 때 무신 가운데 쓸 만한 사람을 발탁한다면 무인은 저절로 등용될 것입니다."

이에 임금이 말하였다.

"문·무를 아울러 쓰는 것은 예로부터 해 오던 일이다. 이 법을 세운다고 해서 어찌 무신만 쓰겠는가? 이는 문신들이 자기 자리를 빼앗기게 될까 두려워서 하는 말일 것이다."

이경동이 아뢰었다.

"신들이 어찌 그런 마음을 품고서 아뢴 것이겠습니까?"

임금이 말하였다.

"당상관堂上官: 정3품 이상의 고위관리의 능력은 내가 모두 알고 있지만, 당하관堂下官의 경우는 어찌 다 알 수 있겠는가? 관직을 맡아 일해 본 후에야 그 사람됨을 알 수 있는 것이다."

손순효가 아뢰었다.

"만약 이 법을 시행한다면 『경국대전』에 나와 있는 '이조·예조·병조의 당하관은 문신을 기용한다'라는 법을 훼손하는 것입니다. 게다가 이미 문관·무관을 교대로 기용하고 있습니다. 새로 법을 만들더라도 예조·이조·병조의 당하관 외에는 해당되지 않습니다."

임금이 말하였다.

"무신은 분주하여 여가가 없고 노고가 심한데, 그들이 오를 수 있는 관직은 서반西班: 무관직의 7, 8품에 불과하다. 그러나 문신은 모두가 지체가 높고 중요한 관직에 있다. 내 생각에 이 법이 한 번 서게 되면 무신들이 '지금은 비록 수고롭고 괴로우나 언젠가 우리도 요직에 오를 수 있을 것이다'라고 생각하게 될 것이다. 그러면 반드시 명예와 절개를 닦아 나랏일에 힘을 다할 것이다. 또 지금 육조의 하급관원들은 문신이 아니면 음관蔭官: 과거가 아닌 조상의 공덕으로 기용된 관리으로 발탁된 자들이다. 무인으로 관직을 얻은 사람이 과연 몇이나 되는가."

승지들이 아뢰었다.

"전교에 '먼저 『경국대전』의 법을 인용하여 임용할 만한 사람을 가려서 제수한다'고 하셨으니 그대로 시행하는 것이 좋겠습니다."

이로 인하여 이조에 교지를 내렸다.

"『경국대전』에 '이조·예조·병조의 당하관은 모두 문신을 기용한다'고 하였다. 그렇다면 육조의 당상관 및 호조·형조·공조의 하급관리들은 문·무를 교대로 기용해도 괜찮을 것이다. 내가 육조를 보니, 문신이 대부분이고 나머지는 음관으로 등용된 자가 있을 뿐이다. 무과를 거쳐서 자리에 오른 사람이 한 사람도 없으니, 이것이 어찌 조정에서 사람을 등용하는 도리라 할 수 있겠는가? 이제부터는 인재를 발탁함에 있어 무신 중에 소임을 감당할 만한 사람을 널리 기용하여 문·무를 아울러 쓰려는 나의 뜻을 맞게 하라."

사관은 논평한다. "문·무를 아울러 쓰는 것은 진실로 좋은 뜻이다. 그러나 이후로 무신들 가운데 거칠고 사나우며 무식한 자들이 높은 관직과 요직을 많이 차지하게 되면 직무를 게을리하거나 임무를 완수하지 못하는 일까지도 일어날 것이다."

_ 성종 9년(1478, 무술) 7월 9일

전교하였다.

"무신들이 글을 강론하는 것을 보니, 모두 병서兵書만을 배우고 이학理學: 성리학은 읽지 않았다. 먼저 이학을 배운 뒤에야 다른 책들을 환히 알 수 있고 일을 처리하는 데에도 막힘이 없게 된다. 무신들 가운데 나이가 많은 사람은 뒤늦게 공부시킬 수 없지만, 젊은 자들은 뽑아서 이학을 익히도록 하라. 매일 규칙적으로 글을 읽게 하여 예조에 보고하도록 하고 그에 대해 평가한 결과를 아뢰도록 하라."

_ 성종 16년(1485, 을사) 10월 10일

3-4. 김종직과 사림의 등장

경연에 나아갔다. 강론을 마치자 집의 김수광金秀光이 아뢰었다.

"지금 세자연산군가 아직 어린데 날마다 서연書筵: 세자가 하는 경연에 나오느라 과로하고 있습니다. 신이 살펴보건대, 요순시대와 하夏·은殷·주周 삼대에는 음악을 맡은 관원이 천자부터 경대부의 맏아들까지 가르치되 여유롭게 노닐면서 배움에 흠뻑 젖어들게 하여 성정性情을 기르게 했습니다. 또한 배우는 과정 중에 여가를 주어 청소하고 응대하는 예절을 익히게 했습니다. 청컨대 옛날의 예법을 상고하고 종학宗學: 왕족의 교육을 맡은 관청의 의례에 의거하여 매달 여가를 주어 나이 어린 세자의 몸과 마음을 돌보게 하소서."

이에 임금이 좌우의 신하들에게 물으니, 시강관侍講官 김종직이 대답하였다.

"이 말은 매우 옳지 않습니다. 학문은 잠시라도 폐해서는 안

됩니다. 잠시라도 폐하게 되면 태만해집니다."

김수광이 다시 아뢰었다.

"김종직은 다만 학문의 도를 가지고 말한 것일 뿐 나라를 오래 이어갈 계책은 알지 못하는 것입니다. 이는 나라의 귀중한 보배인 세자를 소중히 여기는 바가 아닙니다."

김종직이 다시 아뢰었다.

"김수광은 당장 편한 것만을 취해 말할 뿐입니다. 덕성을 함양할 때는 그 혈맥부터 튼튼하게 만들어야 하는데, 학문이 아니면 할 수가 없습니다. 모름지기 어려서부터 습관을 만들어야만 학문의 성과를 이룰 수 있습니다. 훗날 임금의 자리에 오르실 분이 학문을 게을리한다면 어찌 되겠습니까? 김수광의 말은 이치에 크게 어긋납니다."

임금이 말하였다. "김종직의 말이 옳다."

_ 성종 14년(1483, 계묘) 3월 18일

좌부승지左副承旨 김종직을 도승지都承旨로 올리라고 명하고, 이어 해당 관청에 어서御書를 내렸다.*

"김종직이 연륜이 있어 문장과 정사政事를 감당할 만하다."

김종직이 아뢰었다.

"좌승지와 우승지가 나이는 적지만 경험은 더 많습니다. 신은 나이가 많아 총명함이 날로 줄어들어 자주 잊고 직무에 능숙하지 못합니다. 도승지는 관직이 가볍지 않으니 신이 감당할 수 없습니다. 사직하기를 청합니다."

이에 전교하였다.

"좌승지·우승지가 능력이 부족해서 그대를 도승지로 삼은 것이 아니다. 다만 그들의 나이가 적기 때문이다. 경은 승지들 가운데 나이가 가장 많고 문장이 뛰어나며 직무에 대해서도 잘 알고 있다. 그러니 도승지를 맡아 승정원을 총괄하도록 하라."

김종직이 다시 아뢰었다.

"신은 나이가 많아 남들보다 빨리 승진했지만 능력은 부족하니, 도승지의 임무를 감당하기 어렵습니다."

임금이 명하였다.

"벼슬을 하지 않는다면 모르겠으나, 벼슬하는 자가 어찌 임금의 명을 사양하는가? 다시 말하지 말라."

사관은 논평한다. "김종직은 경상도 사람이다. 널리 학문을 닦

* 왕명을 출납하는 승정원에는 도승지(都承旨)·좌승지(左承旨)·우승지(右承旨)·좌부승지(左副承旨)·우부승지(右副承旨)·동부승지(同副承旨) 등 여섯 승지가 있었는데, 이들은 품계가 같았지만(정3품 당상관) 내부적으로는 도승지를 수장으로 서열이 분명했다. 서열 4위 좌부승지였던 김종직이 서열 1위 도승지에 임명된 것은 이례적인 일이었다.

아 아는 것이 많고, 문장을 잘 지으며 가르치기를 즐겼다. 그에게서 배운 자 중에 과거에 급제한 사람이 많았다. 경상도 출신으로 조정에서 벼슬하는 자들이 김종직을 종장宗匠: 우두머리으로 받들고 공경했다. 그러나 스승은 자기 제자를 칭찬하고, 제자는 자기 스승을 높이는 것이 실제보다 지나쳤다. 새로 벼슬을 시작한 자들도 잘못된 것을 깨닫지 못하고, 그들에게 영합하는 경우가 많았다. 이때 사람들이 이들을 '경상선배당'慶尙先輩黨: 경상도 선비들의 무리이라 일컬으며 비웃었다."

_ 성종 15년(1484, 갑진) 8월 6일

김종직을 도승지로 삼았다.

사관은 논평한다. "김종직이 뛰어난 문장으로 특별히 그 재주를 인정받아 승정원에 들어가 좌부승지가 되었다. 차서를 뛰어넘어 도승지까지 오르니, 모든 사림士林이 그의 처신에 주목했다. 임금이 대왕대비의 상중喪中에 시詩를 지어 월산대군에게 내렸으므로 홍문관에서 이 일을 간언하였다. 임금이 김종직에게 묻자 이렇게 대답했다. '시를 짓는 일은 악기를 연주하거나 음악을 즐기는 종류의 일이 아닌데 무엇이 해롭겠습니까?' 김종직이 임금의 뜻에 맞추어 둘러대는 것이 이러하였다.

그가 이조참판에 제수되었을 때 마침 동부승지의 자리가 비었다. 임금이 이조에 명하여 4품 이상의 관원 중에서 맡을 만한 자를 후보자로 선정하게 하였다. 그때 윤은로尹殷老: 당시 중전인 정현왕후의 오빠가 4품 관원이었는데, 이조판서 이숭원이 윤은로의 이름을 후보자 명단의 첫머리에 올렸다. 김종직이 말했다. '윤은로는 중전마마의 가까운 친족이지만 평소에 명망이 없었는데, 지금 첫머리에 천거하면 물의가 있을 것입니다.' 그러자 이숭원이 화가 나서 손수 그 이름을 지우니 김종직이 그 자리에서 벌떡 일어나 말하였다. '이미 그 이름을 썼으니 지울 필요는 없습니다. 영돈녕領敦寧: 왕비의 아버지 윤호이 듣는다면 나를 어떻게 생각하겠습니까?' 그러나 이숭원이 그 말을 듣지 않았다. 이숭원은 애초 아첨할 뜻을 두었으므로 진실로 죄가 있다. 김종직은 바른 의견을 냈지만 국구國舅: 임금의 장인 윤호에게 미움받게 될까 두려워하여 그 뜻을 지키지 못했다. 결국 권세에 아부하는 꼴이 되었으니 평소의 명망은 어디로 갔는가?"

_ 성종 15년(1484, 갑진) 8월 6일

임금이 이조참판 김종직에게 금대金帶를 하사하고 말하였다.

"나를 보좌한 지 오래이니, 내가 경의 충심을 알고 있다. 경은 장차 국가의 큰 책임을 맡을 사람이기 때문에 금대를 내린다."

사관은 논평한다. "김종직이 이조참판으로 경연經筵 동지사 同知事를 겸하였다. 경연에서는 보통 하급 관리인 낭관郎官이 글을 강론하고 당상관은 임금을 곁에서 모시기만 할 뿐인데, 김종직이 모실 차례가 되면 매번 강론하기를 특별히 명하셨다. 이에 따로 금대를 하사하는 데까지 이르니, 사람들이 영광으로 여겼다."

_ 성종 17년(1486, 병오) 1월 17일

지중추부사 김종직이 상소를 올려 사직을 청하였다.

"전에 어의 신보종과 동부승지 조위 등을 통해 보내 주신 약을 하사받고 감격하여 눈물을 흘렸습니다. 여러 달 복용하고 나니 증세가 차츰 나아졌는데, 다만 두 발이 마비되어 자리에 누운 채 가을과 겨울을 지냈습니다. 삼가 바라건대, 성상께서는 신의 사직을 허락하시어 한가하게 살면서 병을 다스리게 하소서. 병이 다 낫는다면 신이 어찌 일선에 물러나 베풀어 주신 은혜를 저버리겠습니까?"

임금이 허락하지 않고 상소에 답을 내렸다.

"작은 나무로는 큰 집을 지을 수가 없어 반드시 커다란 목재가 필요한 법이다. 모든 정사政事는 임금 혼자 다스리는 게 아니라 훌륭한 신하들의 보필을 받아야 한다. 그러니 빨리 돌아오기를 바랄 뿐이다. 경은 품성이 단정하고 온유하며, 처신이 간결하고 엄중하며, 학문은 천도天道와 사람 사이의 일을 꿰뚫었고, 식견은 고금의 이치를 통하였다. 도덕으로 몸이 빛나니 찬란함이 구름 사이의 봉황과 같고, 문장으로 세상을 상서롭게 하니 진실로 하늘 위의 기린과 같도다.

일찍이 태산과 같은 명망을 얻었으나 뜻을 펼칠 기회를 늦게 만났다. 승지의 자리에 나와서는 왕명의 출납을 성실하게 하였고, 이조에 발탁되어서는 인재 천거를 공정하게 하였고, 형조의 관원으로서는 맑은 거울과 같이 명확하게 다스렸고, 성균관에서는 인재를 양성하는 교육의 기풍을 일으켰다. 국사를 결정할 일이 있으면 그대를 찾아 물었다. 대제학을 맡았을 때는 경에게 전권을 주었고 오랫동안 경연에서 과인을 자주 접견하며 마음을 썼다. 외교문서를 잘 지었으니 그대가 혼자서 정鄭나라의 네 사람* 몫을 해내었다.

그대가 이미 학문의 도를 맡았는데, 하늘이 어찌 병을 내려

* 춘추시대 정나라에서 외교문서를 만들 때면 네 사람이 합심하여 만들었다. 즉 비심(裨諶)은 초안(草案)을 하고, 세숙(世叔)은 그것을 토론하며, 자우(子羽)가 수정을 더하고, 동리자산(東里子產)이 아름다운 표현을 더한 것을 말한다. 정나라에서는 반드시 어진 이 네 사람의 손을 거쳐서 외교문서를 만들었기 때문에 상세하고 치밀하여 제후들과 교류하는 데 있어서 실패한 일이 없었다고 한다.

그만두게 할 수 있겠는가? 과인의 바람을 저버릴 뿐만 아니라 백성들의 소망에도 어긋나니, 약과 음식으로 조리하는 데 힘써 도움 받고자 하는 나의 뜻에 부응하도록 하라."

이어 경상도 관찰사 정숭조에게 어서를 내렸다.

"지중추부사 김종직이 밀양의 고향집에서 요양하며 병을 다스리고 있다. 그가 본래 청빈하여 생계가 걱정되니 양식을 보내도록 하라."

_ 성종 23년(1492, 임자) 2월 7일

3-5. 향촌 자치의 기반, 유향소를 다시 세우다

경연에 나아갔다. 우부승지 김종직이 아뢰었다.

"고려 태조는 여러 고을에 명을 내려 공평무사하고 청렴한 선비를 뽑아 향리들의 불법을 규찰하게 했습니다. 이에 간사한 아전들이 저절로 없어졌습니다. 풍속교화가 5백 년 동안 유지될 수 있었던 것은 그 때문이었습니다.

우리 조정에서는 이시애李施愛의 난으로 유향소留鄕所*가 폐지되었습니다. 그후로 간악한 아전들이 불의를 자행하여 건국한 지 1백 년도 못 되어 풍속이 쇠퇴해졌습니다. 열 집이 사는 마을

* 유향소는 고려 말과 조선 초에 지방 수령의 정치를 돕고 백성들의 풍속을 교화하기 위해 설치된 지방자치기관이다. 나라의 정책과 명령을 백성에게 전달하고, 향리(鄕吏)들의 횡포를 막고, 조세의 부과와 징수를 도왔다. 세조 때 함경도 호족 이시애가 백성들의 지역감정을 등에 업고 난을 일으켰는데 절도사를 자칭하고서 유향소에 이문(移文: 관아 사이에 주고받던 공문)을 보내 자신에게 협조하지 않는 수령들을 잡아 죽이게 했다. 이 사건이 계기가 되어 유향소가 폐지되었다.

에도 반드시 충신이 있다고 하는데, 한 고을이 아무리 작다 하나 어찌 착한 선비가 없겠습니까? 청컨대 다시 유향소를 설립하여 지방의 풍속을 규찰하게 하소서."

홍응이 아뢰었다.

"유향소는 고려 때의 사심관事審官입니다. 다시 세우는 것이 좋겠습니다."

임금이 말하였다.

"조정에서 수령을 뽑으려 하여도 알맞은 자를 얻기 힘든데, 각 지방의 향촌을 규찰할 인재를 얻기가 쉽겠는가? 그러나 각 고을의 풍속이 아름답지 못한 것은 나라에 관련된 일이므로 그것이 문제로구나."

_ 성종 15년(1484, 갑진) 5월 7일

석강夕講에 나아갔다. 『전한서』前漢書를 강론했다. 가의賈誼: 중국 전한시대 천재 학자로 알려진 인물의 치안책治安策에, '풍속을 교화하여 천하로 하여금 도道를 향하게 하는 것은 식견이 없는 관리가 할 수 있는 일이 아니다'라는 구절에 이르러 참판 김종직이 아뢰었다.

"지금 풍속이 경박하여 전前 고부군수 이잠李箴이 관아로 돌아오는데 어떤 향리가 길에서 막대기로 때리니, 이잠이 관아 안으로 도망쳤습니다. 또 이잠의 친척이 고부 관아에 방문했다 돌아가는 길에, 향리가 싣고 가던 물건을 모두 빼앗았습니다. 이는 이잠이 먼저 도리를 잃었기 때문이지만, 향리의 간악함이 이보다 더 심할 수는 없습니다. 해서 이잠은 관직에서 퇴출되었고, 그 향리도 변방으로 쫓겨났습니다. 그뿐만 아니라 어떤 아들이 그 아비를 때려서 아비가 관청에 고소한 일까지 일어났으니, 풍속의 문란함이 극도에 이르렀습니다."

임금이 말하였다.

"풍속의 아름다움과 악함은 윗사람이 이끌어 주는 데서 생겨난다. 하지만 한漢나라 문제文帝 때에도 나라는 잘 다스려졌지만 풍속은 오히려 문란했다. 지금도 부자夫子와 형제가 서로 꾸짖으며 화목하지 못하다. 인심이 어찌 그리도 야박한가?

진실로 과인이 부덕하기 때문에 이처럼 야박한 풍속이 있는 것이다. 임금의 잘못은 대간과 좌우의 신하들이 단속하기 때문에 허물이 있다는 말을 들으면 고칠 수 있다. 하지만 아랫사람들은 누가 단속해서 바로잡겠는가?"

김종직이 아뢰었다.

"예전에 일가 사이에 화목하지 못한 것을 다스리는 형벌이 있었고 인척끼리 서로 불화한 것을 벌하는 법이 있었습니다. 성인聖人의 제도가 이처럼 지극히 상세하고 정밀합니다. 하지만 유향소를 없앤 뒤로는 간악한 향리가 방자하게 행동하여 풍속을 해치는 일이 있더라도 감찰하는 자가 없어 행동에 거리낌이 없습니다. 고려 때에는 사심관이 있어 5백 년 풍속을 유지했으니, 지금 유향소를 다시 설치한다면 문란한 풍속이 사라질 것입니다."

임금이 말하였다.

"유향소를 다시 세우는 일은 이미 대신들과 의논하였다. 모두들, '다시 세우면 폐단이 심할 것입니다'라고 했기 때문에 그만둔 것이다."

성건이 아뢰었다.

"유향검찰留鄕檢察에 마땅한 사람을 얻는다면 좋겠지만, 그런 사람이 아니라면 그 폐단이 더욱 심할 것입니다."

임금이 말하였다.

"모든 군현의 유향소에서 어떻게 마땅한 사람을 얻을 수 있겠는가?"

김종직이 아뢰었다.

"열 가구의 작은 고을에도 반드시 충성되고 미더운 사람이 있다고 하는데, 아무리 작은 고을이라고 하더라도 어찌 도리를 아는 사람이 한두 사람도 없겠습니까? 사람을 뽑아 규찰하게 하면 풍속을 해치는 무리가 거의 사라질 것입니다. 만약 규찰하는 자가 폐단을 만든다면 이를 제어할 관찰사와 수령이 있습니다."

_ 성종 15년(1484, 갑진) 11월 12일

유자광柳子光이 아뢰었다.

"유향소는 다시 세우지 않을 수 없습니다. 어떤 자들은, '유향소의 관리가 향촌 곳곳에서 위세를 부리므로 향리들이 수령보다 그들을 더 두려워합니다. 그 폐단이 적지 않습니다'라고 말합니다. 그러나 유향검찰은 풍속교화에 크게 도움이 됩니다.

유향소가 폐지되지 않았을 때에 어떤 한 사람이 효순孝順으로 칭송받으면 유향소에서 효순으로 천거하고, 어떤 한 사람이 악행으로 비난받으면 유향소에서 악행으로 내쳤습니다. 이로써 선한 일을 권장하고 악한 일을 징계했습니다. 신은 유향소를 다시 세워야 한다고 생각합니다."

임금이 말하였다.

"어떤 이들은 유향소를 다시 세워야 한다고 하고 어떤 이는 안 된다고 하니, 마땅히 다시 의논해야 할 것이다."*

_ 성종 19년(1488, 무신) 4월 23일

* 성종 19년 6월 28일에 사헌부에서 시행 절목을 올려 전국에 유향소를 다시 세웠다.

3-6. 현석규, 임금이 믿고 아끼다

의정부 우참찬右參贊 현석규가 죽었다. 현석규의 자字는 덕장德璋이며 창원昌原 사람으로 증 의정부 좌참찬 현효생玄孝生의 아들이다. 계유년단종 원년, 1453년 진사시進士試에 합격했다. 경진년세조 6년, 1460년 대과에 차석次席으로 뽑혀 사헌부 감찰監察이 되었으며, 개성부도사都事, 성균직강直講, 형조도관都官·형조정랑正郞, 예조정랑, 중추부경력中樞府經歷, 의정부사인議政府舍人을 역임하였다.

임진년성종 3년, 1472년 사헌부 집의執義가 되었고, 갑오년성종 5년, 1474년에는 승정원 동부승지를 거쳐 좌부승지로 승진하였고, 얼마 안 되어 한 자급資級을 뛰어넘어 도승지가 되었다. 그때 현석규가 여러 승지들과 힐난하며 다투는 일이 일어나니,* 대간이 이를 논박하였다. 이에 임금이 말하였다.

"임금은 사람을 얻기가 어렵다. 옛말에 '뛰어난 인재를 구하는 것은 힘들지만 그 사람에게 일을 맡기면 편해진다'라는 말이 있다. 현석규가 형방승지가 되면서부터 판결이 지체되지 않아 내가 염려할 것이 없었다. 사람이 강직하면 세상에서 꺼리지만 신하의 도리는 강직한 것을 제일로 삼는다."

마침내 현석규와 다툰 여러 승지들을 모두 파면했다. 이때 현석규가 마음이 편치 않아 사직을 청하니, 특별히 두 자급을 뛰어넘어 사헌부 대사헌에 임명했다. 이에 지평 김언신金彦辛이 현석규를 극렬히 공박하며 노기盧杞와 왕안석王安石에 빗대었다. 임금이 말하였다.

"옛말에 이르기를, '얼굴이 검기는 옻칠한 것 같지만 마음이 맑기는 물과 같다'고 했다. 현석규의 용모가 추하더라도 무엇이 해롭겠는가?"

마침내 김언신을 하옥시키고, 현석규를 다시 승진시켜 형조

* 조식(趙軾)은 일찍 과부가 된 자신의 누이가 김주(金澍)와 재혼하자 김주를 누이의 강간범으로 고발했다. 그리고 매부인 송호(宋瑚)와 결탁해서 누이가 받은 전남편의 노비와 땅을 빼앗았다. 이에 의금부에서 조식을 무고죄로 신문하기를 청했는데, 동부승지 홍귀달이 홀로 임금께 나아가 조식을 심문하는 것이 부당하다고 아뢰었다. 현석규가 다음날 도승지이며 형방승지를 맡고 있던 자신과 의논하지 않고 홍귀달이 독단적으로 아뢴 것에 노하였는데 다른 승지들이 모두 조식에게 억울함이 있다며 홍귀달을 두둔하자 크게 다투게 된다. 화를 참지 못한 현석규가 임금께 아뢰었다. "도승지가 있는데 (홍귀달이) 차서를 뛰어넘어 아뢴 것은 매우 옳지 못합니다. 이 일에 연루된 송호는 좌부승지의 친척입니다. 송호의 아비(송익손)도 신에게 와서 김주가 강간한 것이 분명하다고 말했습니다. 이 일은 (모든 승지들이 부정한 청탁을 받았다고) 의심할 만합니다."

판서로 삼았다. 이에 현석규가 사직 상소를 올렸으나 허락하지 않았다.

정유년성종 8년, 1477년 지중추부사로 옮겨 갔다가 무술년성종 9년, 1478년에 평안도 관찰사가 되었다. 관찰사의 임기가 만료되자, 백성들이 대궐로 몰려와 1년 더 유임시켜 주기를 청하였다. 임금이 내관을 보내 옷을 하사하고, 손수 글을 써서 그의 덕을 기렸다. 그때 중국 조정의 명을 받들어 건주위建州衛: 만주 지역를 정벌* 하였는데, 현석규는 평안도 주둔군을 이끄는 장수가 되었다. 그 공로로 정헌대부正憲大夫에 올랐으며 돌아와 의정부 우참찬이 되었다.

어느 날 조회에 참여한 현석규의 낯빛이 매우 파리해 보였다.

임금이 말하였다.

"경의 기색이 매우 피로해 보이니, 몸을 잘 돌보도록 하라."

이어 휴가를 주고, 내관을 보내어 술과 맛있는 음식을 내려주었다. 또 임금의 밥상에 올라온 음식을 특별히 하사하시니, 임금의 총애가 한결같았다.

이때 졸卒하니, 나이가 51세였다.

* 기해서정을 말함. 성종 10년(1479) 명나라의 요청을 받고 군사를 일으켜 건주위(建州衛)에 있던 야인(野人: 여진족)을 정벌한 일이다.

부음을 듣고 임금이 명하였다.

"현석규의 집이 가난하니, 부의를 특별하게 했던 예를 찾아서 아뢰도록 하라."

승정원에서 정갑손鄭甲孫의 예를 써서 아뢰니**, 전교하였다.

"현석규가 뛰어난 신하이기는 하나, 광산군 김국광金國光에게도 그 정도로 부의하지 않았다.*** 현석규에게 이처럼 부의하는 것은 맞지 않다. 다만 그 집의 형편을 살펴서 다시 아뢰도록 하라."

시호諡號는 정경貞景이니, 정도正道로써 굽히지 않는 것이 정貞이고, 뜻을 펴서 행하기를 굳세게 하는 것이 경景이다.

사관은 논평한다. "현석규는 재주가 뛰어나고 사리에 밝으며

** 정갑손은 세종 때 활약했던 신하로 문종 1년(1451) 6월 26일에 죽었다. 문종이 그를 애도하여 2일 동안 조회를 중지했고, 부증(賻贈: 초상집에 돈이나 물건을 보내는 것)에 특별히 더함이 있었다. 사망 당시 정갑손은 의정부 좌참찬이었는데 현석규가 의정부 우참찬이었으므로 특별히 부의를 더한 사례 중에서 정갑손의 경우를 아뢰었을 것이다.

*** 광산부원군 김국광은 세조가 아끼던 신하로 원상이며 대신이었는데 현석규보다 하루 전날 죽었다. 실무능력이 뛰어나 일처리를 치밀하고 명료하게 할 줄 알았는데 말년에 그 집안이 크게 부유한데도 아우와 사위가 뇌물을 받은 일로 대간들의 논박을 받았다. 보통 대신이 죽었을 경우 으레 특별한 부의를 내렸기 때문에 승정원에서 이전의 예를 써서 올렸는데 임금이 철조(輟朝: 조회를 그만두는 것), 조제(弔祭: 애도하는 제를 지내는 것), 예장(禮葬: 예를 갖추어 장례 지내는 것)을 예(例: 보통의 전례)대로 하라고 명했다. 다음날 현석규가 죽어서 정갑손의 예에 맞추어 부의를 특별히 하려고 했더니 품계가 높았던 김국광보다 더 하게 되는 문제가 발생한 것이다.

총명하고 강직하고 민첩했으며 일을 능숙하게 처리해서 당시 사람들의 추앙을 받았다. 도승지가 되어서 자기의 재주를 믿고 동료들을 능멸하니, 그들이 모두 미워하였다. 서로 적대시하다가 마침내 임사홍任士洪의 옥사현석규와 다툴 당시 좌승지였던 임사홍이 김언신을 사주해 현석규를 소인이라고 공격하는 사건, 1차 소인논쟁를 초래하였다. 일찍이 평안도 관찰사가 되었을 때 임금이 내관 이효지李孝智를 보내어 위로하게 하였다. 현석규가 매우 성대하게 잔치를 베풀어 주었고 임금께 올린 선물은 헤아릴 수 없었다. 현석규가 이효지를 만나자 울면서 주상을 그리워하는 마음을 말했으며, 지체가 낮은 내관을 대접할 때도 곡진하게 예를 갖추었다.

전에 중국 사신이 되었을 때 가져간 반전포盤纏布: 사신들의 경비로 지급된 베를 다 쓰지 않고 남겨 두었다. 돌아와서 임금께 보고하는 날 국고에 환납하기를 청하였으나 임금이 허락하지 않았다. 그가 인정人情을 거스르며 명예를 구하는 것이 이와 같았다."

_ 성종 11년(1480, 경자) 11월 12일

3-7. 1차 소인논쟁①—현석규, 소인으로 지목되다

경연에 나아갔다. 강론하기를 마치자, 사헌부 지평 김언신金彦辛이 아뢰었다.

"현석규가 오랫동안 대간에게 논박받아 왔는데 전하께서 또 단계를 뛰어넘어 관직을 내리셨습니다. 전하께서 대간의 말에 분노하여 일부러 그러셨을 것입니다. 신이 생각하건대, 현석규의 음험함은 한두 가지가 아닙니다. 사간원에서 질문했을 때 현석규가 '전에 신이 울며 간하였기에 대간 이세좌가 벌을 받지 않았습니다'라고 했습니다. 이것은 대간을 죄주지 않은 것을 자신의 공으로 여겨 상과 벌이 그의 말 한마디에 달렸다고 과시한 것이니, 그 음험함의 한 가지입니다.

이번에 사직을 청할 때도 자신의 허물을 책망하지 않고, '홀로 바르게 처신한 것이 남의 꺼림을 받아 번갈아 참소받기에 이르렀다'라고 했습니다. 현석규가 '홀로 바르게 처신했다'라고 한 말은 임금을 속인 것이니, 이것도 음험함의 한 가지입니다.

송호의 아비 송익손宋益孫이 조식趙軾의 일로 청탁할 때에는 즉시 아뢰지 않았다가 나중에야 홧김에 폭로했습니다. 자신만 바르다고 내세우면서 여러 승지들이 부정한 청탁을 들어준 것이 분명하다고 비난했으니 이것 역시 음험함의 한 가지입니다.

평소 현석규가 일을 할 때 모든 승지들이 복종하지 않았습니다. 그러므로 조식의 일을 나머지 승지들끼리만 의논하여 아뢰었던 것입니다. 이에 현석규가 눈을 부라리고 팔뚝을 휘두르며 여러 승지들을 복종시키려고 했으니, 이것도 음험함의 한 가지입니다.

대간들에게 논박당할 때도 반성하지 않고 그 말의 출처를 조사해 달라고 청했습니다. 이는 대간의 입을 막으려고 한 것이니, 이것도 음험함의 한 가지입니다.

사람의 속마음을 아는 데에는 동료들의 평가만 한 것이 없습니다. 지금 여러 승지들이 모두 좀스럽고 무능한 자들이 아닌데도 현석규와는 화합하지 못하고 있습니다. 이 사실만 놓고 보더라도 그가 음험하다는 것을 알 수 있습니다."

임금이 말하였다.

"그대가 그렇게 말하지만 팔뚝을 휘둘렀다느니 하는 말들은 모두 간관이 날조한 것이다. 현석규는 나에게 '김주金澍는 강간하지 않았습니다. 이번 일은 사사로이 청탁한 혐의가 있습니다'라고만 말했다. 게다가 김주에게서 빼앗은 재산을 몰수하도록 하고, 조식에게 무고죄를 내린 것은 내가 결정한 것이지 현석규의 말을 따른 것이 아니다. 현석규가 여러 승지들이 부정한 청탁을 받은 혐의가 있다고 말한 것은 사실이지만 사헌부도 역시 승지들을 의심하고 있었다. 그대가 이처럼 현석규를 음험하다고 하는 것은 그를 소인小人으로 여겨서인가?"

김언신이 아뢰었다.

"사람이 음험하고 간사하면 소인입니다. 전하께서 현석규의 간사함을 살피지 못하시니, 깊이 염려됩니다.

당唐나라 덕종德宗과 송宋나라 신종神宗은 모두 영명하신 군주였습니다. 하지만 덕종이 일찍이 이필李泌에게 '사람들이 노기盧杞가 간사하다고 말하는데, 나는 잘 모르겠다'라고 말했습니다. 이필이 대답했습니다. '그것이 바로 노기가 간사하다는 증거입니다.' 신종은 왕안석王安石의 간사함을 잘 알지 못하여 마침내 천하를 잘못 다스렸습니다. 현석규는 이 두 사람을 합쳐 놓은 것과 같은데 전하께서만 알지 못하시니, 이것이 현석규가 참으로 간사하다는 증거입니다.

현석규의 진퇴에 나라의 안위와 치란治亂이 달려 있습니다. 소인은 그 처신하는 바가 군자와 비슷하지만 단사두갱簞食豆羹: 거친 밥과 멀건 장국을 대하는 태도에서 드러나는 법입니다. 현석규가 소인의 마음을 가졌다는 것은 여러 승지들과 다투던 날에 명백하게 드러났습니다. 그리하여 사람들이 모두 알게 되었는데, 전하께서만 홀로 알지 못하시니 신이 크게 염려하는 것입니다.

또한 여러 승지들을 파직시키고 현석규를 승진시키던 날 밤에 천둥번개가 쳤으니, 소인을 높은 자리에 올린 것에 대한 하늘의 견책이 아니라면 무엇이겠습니까?"

임금이 말하였다.

"그대는 지금 현석규를 소인이라고 말하는 것인가?"

김언신이 대답했다.

"소인이 맞습니다."

"어떻게 아는가?"

김언신이 아뢰었다.

"근래에 하는 일을 보고 알았습니다. 맹자가 '그 눈동자를 보면, 사람이 어찌 숨기랴?'라고 하였는데, 현석규의 용모를 보면 음험한 것을 알 수 있습니다."

임금이 말하였다.

"사람을 용모로 판단할 수 있느냐? 고려 때의 주열朱悅은 얼굴이 추하기가 귀신과 같았으나 마음은 물과 같이 맑은 충신이었다. 얼굴을 보고 마음을 알기는 성인聖人도 어려운데, 하물며 그대가 어떻게 알 수 있겠느냐?"

김언신이 아뢰었다.

"노기盧杞의 얼굴이 추하기 때문에 곽자의郭子儀가 부인과 자식을 피신시키며 말했습니다. '노기는 음험한 자다. 내 처자식이 그 못생긴 얼굴을 보고 비웃었으니 지금 피하지 않으면 나의 자손이 씨가 마를 것이다.' 그러니 용모만으로도 그 속내를 알 수 있습니다."

임금이 말하였다.

"그대가 현석규를 소인이라 말하고, 과인이 현석규에게 농락당했다고 한다. 이는 나를 이사李斯에게 속은 진秦나라 이세二世 황제와 같다고 말하는 것이다. 그렇다면 왜 일찍부터 나에게 말하지 않았는가?"

김언신이 아뢰었다.

"신이 언관言官이 아니어서 감히 말하지 못했습니다. 그러나 현석규가 소인인 것을 모르는 신하가 어디에 있겠습니까?"

임금이 좌우의 신하들에게 말하였다.

"정승들이 현석규가 소인인 것을 일찍부터 알고 있으면서 말하지 않았다면 이 또한 잘못이다."

영사 심회가 아뢰었다.

"현석규가 지나치게 높은 벼슬을 받았기 때문에 김언신이 지금 이렇게 말하는 것입니다."

홍응이 아뢰었다.

"신은 현석규가 소인인지 알지 못합니다."

임금이 말하였다.

"대신들이 모두 현석규를 소인이라고 하지 않으니, 이는 김언신이 임금을 기만한 것이다. 정승과 이조에 두루 물어서, 만약 김언신의 말이 실상과 다르다면 임금을 속인 죄를 받아야 할 것이다."

김언신이 아뢰었다.

"신이 마땅히 극형을 받겠습니다."

_ 성종 8년(1477, 정유) 9월 5일

3-8. 1차 소인논쟁②—모든 문제는 소인으로 통하기 시작하다

김언신을 하옥하라

의금부에 명하였다.

"현석규는 소인이 아니므로 내가 등용하였고, 대신들과 이조에서도 모두 소인이라 하지 않는다. 사헌부 지평 김언신이 현석규를 가리켜 소인이라 하고, 심지어 나를 당나라 덕종과 송나라 신종에 견주었다. 또 말하기를, '현석규가 소인이 아니라면 신이 극형을 받겠습니다'라며 강하게 주장하였으니, 국문하여 아뢰라."

대간들이 모두 아뢰었다.

"김언신을 의금부에 하옥했다고 들었습니다. 저희들이 현석규를 가리켜 직접 소인이라고 한 것은 아니었습니다. 하지만 현석규를 탄핵하는 데 마음을 같이 했습니다. 그런데 김언신만을 국문하시니, 저희들도 함께 하옥하소서."

임금이 말하였다.

"김언신을 하옥한 것은 현석규 때문이 아니다. 나더러 소인을 등용했다고 비난했기 때문이다. 소인은 나라의 다스려짐과 어지러움에 관계된 일이니, 그 화가 참혹하지 않겠는가? 또한 김언신이 스스로 말하기를, '신이 만일 없는 말을 아뢰었다면 극형을 받겠습니다'라고 하였으므로, 죄를 물어 다스리려는 것이다. 경들은 죄를 청하지 말라."

_ 성종 8년(1477, 정유) 9월 6일

의금부에서 아뢰었다.

"지평 김언신이 현석규가 소인이 아닌데도 소인이라 지목했습니다. 성상을 기망하여 상소를 올린 죄는 곤장 1백 대, 도徒: 먼 지방으로 유배되어 노역에 처함 3년의 형률에 해당합니다."

이에 임금이 명하였다.

"임금을 기망한 죄는 죽여야 마땅한데, 형률이 어찌 이리 가벼운가? 법을 다시 살펴보고 김언신을 압송해 오라."

승지들이 다 같이 아뢰었다.

"김언신의 말이 지나치기는 하지만 그 직책상 간언해야 마땅합니다. 지금 죄를 준다면 앞으로 간언하는 자가 자기가 생각하는 바를 다 말하지 못할까 두렵습니다."

하지만 임금이 답하지 않았다.

_ 성종 8년(1477, 정유) 9월 8일

김언신의 죄를 용서하다

김언신이 목에 칼을 쓰고 승정원 뜰에 나오니, 임금이 내관 안중경을 시켜 심문하였다.

"그대가 애초 극형을 받겠다고 말했다. 지금 사형을 언도받고도 현석규를 소인이라고 여기느냐? 아니면 네가 주장했던 것이 잘못이라고 생각하느냐?"

김언신이 아뢰었다.

"신이 애초에 죽기를 두려워하지 않았고 또한 제 주장이 잘못된 것도 아닙니다. 현석규는 소인이 맞습니다."

이에 임금이 말하였다.

"그대가 죽음에 임해서도 변함없이 현석규를 소인이라 여기고, 나를 덕종·신종에 견주어 소인을 등용했다고 말하겠는가?"

김언신이 아뢰었다.

"사람을 어찌 큰일로만 살필 수 있겠습니까? 단사두갱簞食豆羹

을 대하는 태도에서도 알 수 있습니다. 덕종은 노기를 썼고, 신종은 왕안석을 썼습니다. 현석규는 이 두 사람의 음험함과 간사함을 겸하였는데도 전하께서 쓰셨으니, 신은 지나치다고 생각합니다. 지금에 와서 신이 현석규를 소인이 아니라고 한다면, 이것이야말로 임금을 속이고 죽는 것입니다."

임금이 말하였다.

"노기와 왕안석은 모두 그들을 따르는 무리가 있었다. 지금 대신들과 이조에서는 현석규가 소인이 아니라고 한다. 이들도 현석규와 한 무리라서 숨기는 것이냐?"

김언신이 아뢰었다.

"밝으신 주상의 시대인데 어찌 붕당朋黨이 있겠습니까? 저들은 현석규가 소인임을 알지 못하여 그렇게 말하는 것입니다. 왕안석이 소인인 것은 여회呂誨 한 사람만이 알았습니다. 신이 밝은 하늘 아래에 어찌 거짓을 고하겠습니까?"

임금이 말하였다.

"내가 그대를 죽이면 걸桀이나 주紂 같은 폭군이 되겠구나. 그대가 죽어 용봉龍逢·비간比干*과 지하에서 놀고자 하는 것이냐?"

* 용봉(龍逢)은 걸왕(桀王)의 무도함을 간언하다 피살된 신하이고, 비간(比干)은 주왕(紂王)의 숙부인데, 주왕의 나쁜 정치에 대해 간언하다가 피살됐다.

김언신이 아뢰었다.

"신은 이렇게 죽는 것을 다행으로 여깁니다."

이에 말하였다.

"그대가 '신의가 있는 자는 죽음에 임해서도 말을 바꾸지 않는다'는 말을 듣고 그러는 모양이다. 역대에 간언하는 신하를 죽인 군주는 오직 걸桀·주紂뿐이다. 임금으로서 어찌 간언하는 신하를 죽일 수 있겠는가? 내가 그대를 옥에 가둔 것은 그대가 고집을 꺾지 않았기 때문이다.

당 태종은 왕위에 오른 뒤로 점점 간언을 듣지 않게 되었다고 하는데, 내 어찌 그와 같겠는가? 이후로도 말할 것이 있으면 모두 숨김없이 말하라. 내 가상히 여겨 받아들이겠다. 그대가 강직하여 절개를 굽히지 않으니 참으로 기쁘다. 가서 그대의 맡은 바 직무를 수행하라."

승정원에 명하여 김언신에게 술을 먹이고 예우하여 보냈다.

_ 성종 8년(1477, 정유) 9월 8일

3-9. 2차 소인논쟁① — 임사홍, 대간들을 자극하다

주강晝講에 나아갔다. 임사홍이 아뢰었다.

"재변이 일어나면 모두 행동을 삼가고 반성해야 합니다. 그러나 지금 뚜렷한 재해가 없는데도 술을 금하는 것은 온당치 못합니다. 가뭄의 징조가 있다고 하였으나 벼와 곡식이 마르지 않았습니다. 대간이 흙비를 재이災異라고 하는데, 상서로운 구름이나 짙은 안개도 그때의 기운에 따른 것입니다. 어찌 이것을 나쁜 징조라 하겠습니까?

요즘 연일 활쏘기를 하는데, 활을 쏘는 것은 술의 힘을 빌리는 것이므로 술이 없으면 할 수 없습니다. 또한 단오에는 의정부와 육조에서 예에 따라 진연進宴: 연회을 열어야 하고, 주상께서도 세 대비전에 특별한 음식을 올려야 하니 단오 이후에 술을 금하는 것이 좋겠습니다."

임금이 말하였다.

"술은 곡식만 허비하니, 금하는 것이 옳다. 그러나 헌수獻壽: 장수를 비는 뜻에서 술을 올림까지 금할 필요는 없다. 과인이 대비전에 올리는 술까지 금해야 하겠는가?"

임사홍이 아뢰었다.

"요즘 대간들이 간언을 너무 쉽게 하니, 대간의 말을 다 따를 수 없습니다. 만일 그 말이 옳지 않으면 견책하시는 것이 좋겠습니다. 전에 성균관에 거둥하여 양로연을 하던 날, 대간들이 김수온金守溫을 논박하여 그 잔치에 참여하지 못하게 했습니다.* 그날은 노인들을 공양하기 위한 잔치였습니다. 대간들이 김수온을 삼로三老**라고 일컬었으니 그를 참석하게 해야 마땅합니다. 조성산趙誠山·김개金漑·김한金瀚과 같은 무신들까지도 참석하게 했으니 김수온이 참여한다고 무슨 문제가 있었겠습니까?"

임금이 말하였다.

"대간이 간언하는 것은 진실로 아름다운 일이다. 하지만 그

* 성종 9년 4월 3일 성균관에서 임금이 문묘에 제를 지내고, 신하들과 학생 2,800명을 불러 양로연을 열었다. 이날 사헌부 지평 이세광 등이 "김수온이 불교를 숭상하여 세조께 출가하기를 청하였으니 성균관에서 나라를 다스리는 도를 논하는 자리에 참여시켜서는 안 됩니다"라고 아뢰었다.

** 삼로(三老) : 나이 많고 덕이 높은 신하를 예우하던 제도. 중국 고대에 천자가 삼로오경(三老五更)을 설치하고 부형(父兄)의 예(禮)로 존양(尊養)한 것을 말함.

말을 취하고 버리는 것은 나의 마음에 달려 있다. 임금이 천둥·벼락과 같은 위세를 부려서는 안 된다. 간언하게 하고 그것을 견책하면 누가 감히 말하겠는가?

김수온은 불도佛道에 깊이 빠져 일찍이 머리를 깎고 출가하겠다고 청했던 자다. 이런 생각을 가진 자가 성현을 모시는 명륜당明倫堂: 성균관 안에서 유학을 강학하는 곳에 들어와서 함께 자리하는 것이 옳겠는가? 게다가 그날의 양로연은 연륜이 있는 신하들을 모아 치국의 도에 관한 이야기를 듣는 자리였다. 그 자리에 참여했다면 김수온은 언행이 일치하지 않는 자가 된다. 그런 자의 말은 과인이 들을 필요가 없으니 대간의 논박이 진실로 옳다."

_ 성종 9년(1478, 무술) 4월 21일

3-10. 2차 소인논쟁② — 군자인가, 소인인가

군자와 소인을 어떻게 분별하는가

임금이 선정전에 나아가서 대간과 홍문관·예문관 관원들을 불러들였다.

응교應敎 채수蔡壽가 아뢰었다.

"임사홍이 말한 바는 일체 아첨하는 것이며 소인小人의 태도를 모두 가졌으니, 청컨대 빨리 물리치소서. 착한 이를 좋아하되 쓰지 못하고, 악한 이를 미워하되 물리치지 못한다면 이는 나라를 망하게 하는 일입니다. 만일 소인임을 알고도 버리지 않는다면 모르는 것만 못합니다. 전하께서 임사홍이 소인인 것을 아셨다면, 마땅히 먼 지방으로 내치셔야 할 것입니다."

장령掌令 박숙달朴叔達이 아뢰었다.

"하늘에서 흙비가 내리고 또 민가에 연달아 화재가 나는 등 여러 번의 재변이 있었습니다. 임사홍은 전하를 인도하여 하늘이 재변을 내린 것을 살펴서 행동을 삼가고 반성하도록 해야 할 것입니다. 그런데 그가 '흙비는 그때의 기운이 마침 그런 것이므로 괴이할 것이 없습니다'라고 했으니, 이 말을 보건대 소인이 임금을 현혹시키는 것입니다."

임금이 말하였다.

"홍문관과 예문관에서는 임사홍이 소인임을 알았다면, 어찌하여 일찍부터 아뢰지 않고 오늘에야 말하는 것인가?"

채수가 아뢰었다.

"전일에 임사홍이 소인임을 알았으나, 밖으로 드러나지 않았기에 감히 소인이라고 지목하지 못했습니다. 지금 말한 바가 모두 옛날 간신들의 말과 같으므로 듣고서 놀라지 않는 이가 없습니다. 청컨대 그를 물리치소서."

유지가 아뢰었다.

"전하께서 즉위하신 이래로 간언에 따르기를 물 흐르듯이 하셨고, 구언求言: 신하들에게 의견을 구하는 것하기를 목마른 것처럼 하셨습니다. 그렇기에 신하들이 모두 할 말을 다할 수 있어서 폐단이 있으면 모두 아뢰어서 막히고 가려지는 일이 없었습니다. 이제 신들이 임사홍을 물리치시길 청했는데 성상께서 허락하지 않으시면, 언로가 막힐까 두렵습니다."

이창신李昌臣이 아뢰었다.

"지금 성상의 말씀을 들어보니, 임사홍에게 미혹되신 것 같습니다. 이제야 임사홍이 소인이라는 사실이 드러나서 신들이 탄핵한 것인데 전하께서는 믿지 않으십니다. 가령 평상시에 임사홍을 논박하고 물리치기를 청했다면 전하께서는 더욱 믿지 않으셨을 것입니다. 치란治亂과 흥망의 도道는 군자와 소인을 기용하고 물리치는 데서 그 기미가 드러납니다. 지금 나라의 흥망은 임사홍을 버리느냐 안 버리느냐에 달려 있습니다."

임금이 말하였다.

"그대가 임사홍이 군자인지 소인인지를 분명히 말해 보라."

봉교奉敎 표연말表沿沫이 말하였다.

"예로부터 승지가 공무를 보고할 때 먼저 사관에게 알려 함께 들어가서 아뢰야 합니다. 하지만 임사홍은 공무를 보고할 때에 사관에게 알리지 않고 홀로 들어가서 아뢰었습니다. 사관 안윤손이 낌새를 알아채고 따라 들어가 보니 임사홍이 간사한 말을 은밀히 아뢰느라 남들이 듣지 못하도록 일부러 그랬다는 것입니다."

임금이 말하였다.

"임사홍이 홀로 아뢴 것이 아니다. 여러 승지들과 같이 의논한 다음에 아뢴 것이다. 이 일로 임사홍을 죄주면 다른 승지도 모두 죄를 주어야 마땅하다."

표연말이 다시 아뢰었다.

"임사홍이 도승지가 되어 처음 승정원에 들어가서 '어찌하여 정해진 규정이 없는가?'라고 하면서 방榜을 만들어 벽에 붙였습니다. 그 방의 내용은 이러했습니다. '각 관청의 관리들이 주상께 보고할 일이 있으면 먼저 도승지에게 고하라.' 이는 임사홍이 나라의 권세를 모두 제 손아귀에 쥐고서 신료들로 하여금 머리를 숙이고 명을 듣게 하려는 것입니다. 만약 승지들이 현명하다면, 임사홍이 옳지 않은 일을 보고하려 할 때 반드시 반박하고 따르지 않았을 것입니다."

좌승지 손순효가 아뢰었다.

"금주령에 반대하고 왕실 친족의 가옥 규모 제한령에 반대한 것은 신들이 임사홍과 같이 의논해서 아뢰었습니다. 그러나 다른 일은 같이 의논한 것이 아닙니다."

임금이 말하였다.

"그대들이 전에는 현석규를 소인이라고 하더니, 이제는 또 임사홍을 소인이라고 하는가?"

채수가 말하였다.

"신이 어찌 임사홍을 미워해서 물리치기를 청하는 것이겠습니까? 신이 일찍부터 임사홍과 동료가 되어 언행과 마음 쓰는 것을 모두 아는데, 참으로 형용할 수 없는 소인입니다. 지금 말한 바가 또한 이와 같으니 그 간사함을 더욱 잘 알겠습니다. 원컨대 전하께서는 간사한 자를 버리기를 주저하지 마소서."

임금이 말하였다.

"그대들은 임사홍의 말을 전해 듣고 말하지만, 나는 직접 들었다. 그의 말에 진실로 죄가 될 만한 것은 없었다."

_ 성종 9년(1478, 무술) 4월 28일

임사홍, 소인임이 입증되다

채수가 아뢰었다.

"안윤손의 사초史草: 사관이 일어난 일을 기록해 놓은 것에 임사홍이 아뢴 말을 기록했으니, 이를 보면 그가 소인임을 알 수 있습니다. 임사홍을 처벌하지 않는다면 잘못 기재한 안윤손을 처벌해야 할 것입니다. 만일 안윤손이 잘못 기록한 것이 아니라면 청컨대 임사홍을 버리소서."

이형원이 아뢰었다.

"만일 안윤손이 제대로 기록한 것이라면 임사홍의 죄는 용서할 수 없습니다."

임금이 말하였다.

"사관이 기록한 것은 잘못되었다 하더라도 다시 고칠 수는 없다. 하지만 사람이 하는 일이니 잘못 쓰는 일도 더러 있을 것이다."

이형원이 아뢰었다.

"당唐나라 이필李泌이 덕종德宗에게, '폐하께서 노기盧杞의 간사함을 알지 못하시니, 그것이 그가 간사하다는 증거입니다'라고 했습니다. 그런데 지금 임사홍의 말이 모두 간사한데도 전하께서는 오히려 깨닫지 못하시니, 이는 임사홍이 참으로 간사하다는 증거입니다.

또 이수伊水와 낙수洛水가 마르고 양산梁山이 무너진 일들은 뚜렷한 재이災異이기에 듣는 자 모두가 놀랍니다. 이런 일은 임사홍이 재이가 아니라고 주장한다 하더라도 전하를 현혹시키기 어렵습니다. '흙비와 화재는 뚜렷한 재이가 아닙니다. 이는 그때의 기운이 마침 그렇게 된 것이므로 몸을 닦고 반성할 필요가 없습니다'라고 한 것은 임사홍이 전하께 아첨한 것입니다. 이것이 임사홍이 간사하다는 증거입니다. 지금 이 상소를 대신들에게 보인다면, 대신들이 임사홍을 군자라고 하겠습니까, 소인이라고 하겠습니까?"

표연말이 아뢰었다.

"전일에 전하께서 주계부정朱溪副正 이심원李深源을 불러 말씀하셨습니다. 만약 임사홍이 이심원의 말이 잘못되었다고 생각했다면 그 자리에서 논박하는 것이 마땅합니다. 그런데 이심원과 사관이 나가고 난 다음에야 '이심원은 간언을 자주 하니, 어리석고 망령된 사람입니다'라고 했습니다. 이 또한 임사홍이 간사하다는 한 가지 단서입니다."

헌납獻納 김괴金塊가 아뢰었다.

"여러 말 할 것 없이 임사홍은 소인입니다. 옛말에, '임금의 잘못에 영합하는 것은 그 죄가 크다'고 하였습니다. 임사홍의 말한 바를 보면 모두 아첨하며 임금을 기쁘게 하는 말뿐이니, 그 죄를 용서할 수 없습니다."

임금이 말하였다.

"그대들이 평소에 모두 임사홍이 소인임을 알았는가?"

좌우의 신하들이 아뢰었다.

"신들은 예전부터 그가 소인임을 알았습니다."

그러나 유지와 안관후安寬厚만은 다르게 말했다.

"신들은 임사홍과 같이 일을 한 적이 없으므로 그 사람됨을 알지 못합니다."

임금이 말하였다.

"그대들이 이전부터 임사홍이 소인임을 알았으면서 그때 아뢰지 않고 지금에야 말하니 참으로 임금의 덕을 보완하고 길러

주지 않는구나."

표연말이 아뢰었다.

"임사홍이 소인임은 이번에 훤히 드러났으므로 신들이 의논하여 물리치기를 청한 것입니다. 하지만 성상께서 쉽게 믿지 않으셨습니다. 만일 평소에 탄핵했다면 전하께서 어찌 그것을 믿으셨겠습니까? 이것이 신들이 일찍 아뢰지 못한 까닭입니다."

임금이 말하였다.

"내가 이제 알았으므로 장차 처리할 것이니, 경들은 물러가라."

_ 성종 9년(1478, 무술) 4월 28일

3-11. 2차 소인논쟁③ — 소인 임사홍을 파직하라

임금이 말하였다.

"그대들은 내가 임사홍을 비호한다고 생각하는가?"

채수가 말하였다.

"임사홍이 대사간이 되었을 때 동료에게 말했습니다. '한명회가 내게 압구정시狎鷗亭詩를 지어 달라고 부탁했으나 내 마음이 편치 않아 시 짓기를 거절했다.' 이어 정언正言 권경우權景祐가 경연에서 어제시를 내리신 것은 옳지 않다고 아뢰자 임사홍이 이 의견이 매우 좋다고 했습니다. 그러나 지금 도승지가 되고서는 '전하께서 시 짓는 것을 대간들이 옳지 못하다고 합니다'라고 아뢰었습니다. 마음이 앞뒤로 이렇게 다르고, 언행이 이랬다 저랬다 하니, 간사하게 속이는 것이 더할 수 없이 심합니다. 이는 모두 주상께 아첨하려는 것입니다."

표연말이 아뢰었다.

"임사홍의 거취를 오늘 결정해야 하는데 성상께서는 알았다고만 하시니, 뒤에 다시 아뢸지라도 또 이와 같을까 두렵습니다."

이형원이 아뢰었다.

"김수온이 양로연에 참여해야 한다고 말한 임사홍의 뜻을 어떻게 생각하십니까?"

임금이 말하였다.

"그 말은 잘못된 것이다."

성담년이 아뢰었다.

"임사홍이 또, '대간에서 간언을 자주 하니, 견책하는 뜻을 보이는 것이 마땅합니다'라고 하였으니, 이는 전하의 총명을 가리는 것입니다. 그 죄를 엄히 다스리지 않을 수 없습니다."

교리校理 안침安琛이 좌우를 말리며 아뢰었다.

"임사홍의 간사함은 앞에서 논하여 전하께서 다 아셨는데, 어찌 다시 논변하겠습니까? 단지 임사홍을 벌하시기를 청할 뿐입니다."

좌우에서 청하기를 그치지 않았다.

임금이 말하였다.

"임사홍이 대간을 견책하라는 말을 분명하게 한 것은 아니지만, 그 말한 바는 지나쳤다. 내가 장차 국문하겠다."

좌우에서 아뢰었다.

"국문이란 것은 의심스러워서 그 실정을 묻는 것입니다. 임사홍의 죄상은 이미 드러났는데 어찌 국문할 필요가 있겠습니까? 가령 임사홍이, '나는 간사하지 않으며 소인도 아닙니다'라고 소명하면 죄를 주지 않으시겠습니까? 또한 임사홍이 지극히 간사하고 형용할 수 없는 소인이라 할지라도 어찌 스스로, '나는 간사한 소인이다'라고 하겠습니까? 국문할 이유가 없으니 지금 바로 죄를 정해야 합니다."

임금이 승지에게 말하였다.

"이조로 하여금 급히 파직한다는 공문을 내리도록 하라."

임금이 손순효 등에게 말하였다.

"홍문관·예문관에서 임사홍이 소인임을 알면서 일찍부터 말하지 않고 오늘에야 말하니, 이는 임금의 덕을 보완하고 길러 주지 않은 것이다. 그들도 국문하도록 하라."*

_ 성종 9년(1478, 무술) 4월 28일

* 바로 다음 날인 4월 29일에 효령대군의 증손자인 이심원이 성종을 찾아갔다. 이심원에게 임사홍은 고모부였다. 하지만 그는 임사홍과 그의 부친인 임원준이 모두 소인이라고 말하면서 홍문관 및 예문관 관원들은 죄가 없다고 주장했다. 게다가 1년 전에 벌어진 현석규 탄핵 사건(1차 소인논쟁) 때 임사홍이 뒤에서 김언신 등을 사주했다는 사실을 털어놓았다. 이 사실을 확인하는 과정에서 임사홍은 유자광, 김언신 등과 함께 파당을 만들었다는 이유로 유배되었다.

四• 성리학의 나라 조선, 뿌리내리다

4-1.『경국대전』을 알기 쉽게 다듬다

경연에 나아갔다.『자치통감』資治通鑑을 강론하다가 "산기상시散騎常侍 유소劉邵 등이 한漢나라의 법을 추려서 요약하여 신률新律 18편을 제정하였다"라는 구절에 이르러, 시독관 김흔金訢이 아뢰었다.

"『경국대전』*에는 해석하기 어려운 곳이 많아서 관리들이 제대로 시행하지 못하고 있습니다. 청컨대 주해註解를 달아서 사람들로 하여금 알기 쉽게 하소서."

* 조선 건국 초의 법전인『경제육전』(經濟六典)의 원전(原典)과 속전(續典), 그리고 그 뒤의 법령을 종합해 만든 조선시대 두번째 통일 법전. 조선 건국 전후부터 1484년(성종 15년)까지의 왕명, 교지, 조례 중 영구히 준수해야 할 것을 모아 엮은 법전이다. 조선의 행정 분류인 육조 체제에 맞추어 규정들을 6개의 전으로 나누어 다루고 있다. 성종 5년(1474, 갑오) 1월 2일에『경국대전』이 처음 반포되었다. 성종은 집권 초기 내내 그것을 고치고 다듬어서 성종 15년(1484, 갑진)에 재반포했다. 처음『대전』에 기록되지 않았던 것을『속록』(續錄)이라고 이름했는데, 모두 72조(條)를 함께 반포했다.

지사 서거정이 아뢰었다.

"관리들이 시행하는 데 어려운 것은 우리나라의 법령이 한결같지 않기 때문입니다. 듣건대 고황제高皇帝: 한 고조 유방께서 후세에 경계하기를, '이것을 고치는 자는 모반으로 논하라'고 하셨습니다. 이는 법이 한결같아야만 백성들이 법을 지킬 수 있기 때문입니다."

임금이 말하였다.

"근년에 교지를 많이 내렸다. 혹 『경국대전』에 어긋나는 것이 있다면 그 근거를 살펴서 다시 정하지 않을 수 없다."

_ 성종 12년(1481, 신축) 9월 17일

승정원에 명하였다.

"지금 『경국대전』을 대조하여 바로잡고 있다. 모두 확정하여 반포한 이후에는 『대명률』大明律: 1397년에 반포되어 명·청시대 약 500년간을 통해 형률의 근본이 된 중국의 법전의 예에 따라 함부로 고치지 못하게 하라. 만일 고치기를 청하는 자가 있다면 법을 세워서 죄를 주는 것이 어떠한가?"

승지들이 아뢰었다.

"전하의 말씀이 마땅합니다."

_ 성종 15년(1484, 갑진) 4월 8일

예조에 전지하였다.

"새로 개정한 『경국대전』은 오는 을사년성종 16년, 1485년 정월正月 초1일부터 널리 시행하도록 하라."

_ 성종 15년(1484, 갑진) 7월 4일

4-2. 조세제도를 정비하다

경연에 나아가서 강론하기를 끝마치니, 장령 이경동李瓊仝이 아뢰었다.

"이제 공법貢法: 땅에 따라 정해진 세금을 내는 제도 중 연분법年分法*에서는 행정구역상 한 마을[面]의 토지 등급을 하나로 정합니다. 신은 이것이 옳지 못하다고 생각합니다. 비록 한 마을의 평지만을 따져도 그 토질이 비옥하고 척박한 정도가 달라서 수확량이 다릅니다. 더구나 한 마을의 구역이 넓으면 지세가 다르니, 어찌 같은 등급을 매길 수 있겠습니까? 등급을 매길 때 그 마을의 비옥한 땅을 기준으로 해서 상등上等으로 정하면 백성들이 그 폐해

* 공법은 땅에 따라 정해진 세금을 내는 제도이다. 연분법은 세종 28년(1446)부터 실시되었던 법으로, 그해 농사의 풍흉에 따라 해마다 토지를 상상(上上)·상중·상하·중상·중중(中中)·중하·하상·하중·하하(下下)의 아홉 등급으로 나누었다.

를 받게 되고, 메마른 땅을 기준해서 하등下等으로 정하면 나라가 손해를 입게 됩니다. 그 토질의 좋고 나쁨에 따라 등급을 다르게 정하면 세금의 높고 낮음이 적중함을 얻고 나라와 백성들 모두 편안할 것입니다."

임금이 영사 신숙주에게 말하였다.

"지난번에 경도 이렇게 말하지 않았는가?"

신숙주가 아뢰었다.

"이경동의 의견은 신의 생각과 같습니다. 가령 녹양綠陽 들판과 살곶이 들판이 한 마을에 있다고 치면, 녹양은 땅이 메말라서 농사가 잘 안 되고, 살곶이는 땅이 비옥하여 농사가 매우 잘됩니다. 녹양과 살곶이를 같은 마을이라고 하여 동일한 등급으로 정하면 녹양의 백성들이 어찌 원망하지 않겠습니까?

전주부윤全州府尹 윤효손尹孝孫이 관할 구역의 토지 등급이 적절하지 못함을 걱정하여, 네 마을의 지도를 벽에 걸어 놓고 살핀다고 들었습니다. 또한 아침저녁으로 논밭 사이를 왔다갔다 하면서 토질에 따라 등급을 다시 정해 본다고 합니다. 청컨대 윤효손에게 명하시어 우선 전주에서 시험하게 함이 좋겠습니다.

'이렇게 하면 공법이 무너질 것이다'라고 논하는 자도 있을 것입니다. 그러나 신은 이와 같이 한 뒤에야 공법이 영구히 시행될 수 있다고 생각합니다. 만약 지금 있는 법에 구애되어 매번

한 마을을 기준 삼아 등급 정하기를 고집한다면 백성들의 원망은 더욱 커질 것입니다."

임금이 동부승지 김영견金永堅에게 말하였다.

"윤효손에게 명을 내려 시험하게 하라."

_ 성종 5년(1474, 갑오) 9월 12일

4-3. 밀려 있던 노비 소송을 해결하다

승정원에서 관원 열 명을 추천하였다. 임금이 결송決訟: 백성들 사이에 일어난 소송 사건을 판결하여 처리함 당상관으로는 이극배·심정원沈貞源·한언 등을, 낭청郎廳: 하급 관원으로는 정영통鄭永通과 최호원崔灝元 그리고 남제南悌 등을 임명하였다.

도승지 김계창金季昌이 아뢰었다.

"선대에서도 장예원掌隷院: 노비의 호적과 소송에 관한 일을 맡아 보던 관청 판결사判決事를 두 명으로 늘리려고 하였으나 판결사 두 명의 의견이 서로 맞지 않을까 염려하여 시행하지 못했습니다. 신의 생각으로는 결송 당상관 한 명이 총괄하는 것이 좋겠습니다."

이에 임금이 말하였다.

"이들 당상관들은 서로 품계가 다르니, 무슨 폐단이 있겠는가?"

승정원에 명하여 새로 설치할 담당부서의 이름을 써서 올리도록 했다. 승정원에서 변정도감辨定都監, 변결도감辨決都監, 청리도감聽理都監 등을 써서 아뢰었다. 임금이 어서御書를 내려 단송도감斷訟都監이라고 했다. 이극배 등이 부름을 받고 모두 모이자, 이극배에게 명하였다.

"송사訟事를 담당한 관리들이 여러 날 지체시키면서 판결하지 못하는 것은 의심할 만한 점이 있거나 또는 사사로이 그 집안의 청탁을 들어주었기 때문이다. 지금 장예원에 노비 소송 서류가 9백여 건이나 될 정도로 많이 밀려 있다. 그 중 70여 건은 장예원에 도로 주고 나머지는 모두 경들에게 내리니, 금년 내로 모두 판결하도록 하라. 만일 잘못 판결한 것이 있으면 그대일지라도 용서치 않을 것이다."

이극배가 아뢰었다.

"신은 한언과 혼인한 집안이며, 심정원은 남제南悌의 족친이고, 정영통·최호원은 본래 관청의 사무가 긴급하니, 청컨대 다른 이를 임명하소서. 그리고 낭청의 수효가 적으니, 그 수를 늘려서 차출하는 것이 어떻겠습니까?"

이에 명하여 안침安琛과 임수경林秀卿으로 정영통·최호원을 대신하게 하고, 이육李陸과 문수덕文修德으로 한언·심정원을 대신하게 하고, 최옥순崔玉筍·채윤신蔡允信·권경희權景禧 세 명을 증원하라고 명하였다.

"여러 가지 핑계를 대면서 단송도감의 관리가 되지 않으려고 할 것이다. 이후로는 사직상소를 올리지 마라."

_ 성종 12년(1481, 신축) 1월 4일

단송도감에 어서를 내렸다.

"『경국대전』에 '소송을 중지시키는 데 힘쓰고 재판까지 가게 하지 말라'고 하였다. 『경국대전』은 만세에 지켜져야 할 규범이고, 단송은 일시적으로 필요한 정책이다. 장예원에 소송을 접수했으나 판결이 정해지지 않아 세월만 보내는 자가 4백 명이 넘으니 임시방편으로 구제하지 않을 수 없다. 만약 『경국대전』에 의거한다면 소송하는 자가 농사지으러 돌아가는 것을 들어주어야 한다. 농사짓고 누에치는 일은 때를 놓치면 안 된다. 그러나 나라에서 백성들의 원통함을 풀어주어야 하니 소송을 판결하는 일 역시 긴급하다. 그러니 농사지으러 돌려보내지 말고 기필코 금년 안에 소송을 끝내도록 하라.

소송하는 사람이 만일 스스로 정당치 않음을 알고 핑계대면서 소송에 임하지 않는다면 해당 관아에 세 번 공문을 보내고 문서가 되돌아오면 단송도감에 세 번 회부하도록 하라. 그래도 소송에 나오지 않는다면 『경국대전』의 친착법親著法: 소송이 개시된 후 이유 없이 50일 내에 30일 이상 결석한 자에 대해 사실관계나 법적 시비를 가리지 않고 패소판결을 내리는 것에 의거하여 판결하도록 하라.

장예원은 예전과 같이 일하되 단송도감은 장예원과 같이 하면 안 된다. 장예원에서는 잘못 판결한 것을 보고한 다음 다른 관청에 공문을 보내어 세 차례 분간하고 원통함을 풀게 한 뒤에 끝마친다. 만약 이렇게 한다면 이는 내가 뛰어난 인재를 뽑아서 단송도감을 설치한 본래의 뜻이 아니다. 그러므로 단송도감에서는 처음부터 바꿀 수 없는 완전무결한 판결문을 만들어라. 모두가 사사로움을 버리고 공정함을 지킨다면 나의 뜻에 부응할 수 있을 것이다. 만일 소송한 사람들이 판결에 불만을 호소하는 상소를 올리지 않는다면 그 판결을 한 자에게는 상을 내릴 것이다. 그러나 사사로운 정에 휘둘려서 일을 꾸미고 나의 뜻을 따르지 않아서 소송 당사자의 하소연이 많이 올라온 자에게는 죄를 줄 것이다."

_ 성종 12년(1481, 신축) 1월 12일

단송도감에 명하였다.

"오늘 단송도감에서 소송을 판결하는 상황을 보니 앞다투어 빠르게 판결하려고만 하는 것 같다. 그러나 모든 판결은 서툴고 더디더라도 실상을 놓치면 안 되는 것이다. 빨리 판결하는 것에만 힘쓰다가 실정에 어긋나는 것은 옳지 않다. 더구나 정해진 기한이 올해 말까지니, 군이 경솔하게 판결하지 말고 천천히 소송을 처리하는 것이 마땅하다. 그리하여 공평하고 진실되게 판결하여 소송하는 자로 하여금 저절로 원통함이 풀리도록 할 것이며, 억울함을 당하여 탄식하는 일이 없도록 하라."

_ 성종 12년(1481, 신축) 1월 20일

4-4 신문고 부활, 억울한 자여 북을 쳐라

임금이 명하였다.

"옛날에 등문고登聞鼓: 신문고가 있었다. 지금은 원통하고 억울한 자가 해당 관청에 먼저 고발하고 소장訴狀을 돌려받은 다음에 의금부 당직청當直廳에 고하면 승정원을 통해 나에게 아뢰고 있다. 이리저리 옮겨 다니며 보고하는 사이에 소송하는 자의 양식만 허비하고, 오랫동안 지체되어 그 괴로움이 적지 않다. 또한 그 사정을 다 알리지 못하는 자도 있을 것이다. 이제 등문고를 설치하고자 하니 원상들에게 의논케 하라."

신숙주, 한명회, 구치관, 최항, 홍윤성, 조석문, 김질, 윤자운이 의논하였다.

"지금은 의금부 당직청이 옛날 등문고와 같은 역할을 하고 있습니다. 만일 사헌부의 퇴장退狀: 고소장을 돌려보낸 이유가 적힌 판결문을 상고하지 않으면, 억울한 일을 당한 피해자도 아닌 경우에도 너나 할 것 없이 고발하는 풍속을 열게 될 것이니 장차 그 폐단은 이루 말할 수 없을 것입니다. 지금은 당직청이 해당 관사와 사헌부에서 도장을 찍은 퇴장을 살핀 후에 처리하기 때문에 지체됩니다. 사헌부의 퇴장에 도장이 찍히지 않았다 하더라도 주상께 아뢰게 하고, 만약 사헌부와 의금부에서 조사하여 결단한 것이라면 당직청에서 임금께 바로 올리게 하는 것이 어떻겠습니까?"

임금이 그대로 따랐다.

_ 성종 1년(1470, 경인) 6월 24일

경연에 나아갔다. 강론을 마치니, 임금이 말하였다.

"무릇 임금에게 고하는 것은 당직청이 하는 일이지만 보고가 지체되는 경우가 많다. 그러니, 지금부터는 신문고申聞鼓를 다시 치게 하는 것이 어떻겠느냐? 당초에 신문고를 없앤 것은 어느 때의 일이며, 또 무슨 까닭으로 인한 것인가?"

영사 홍윤성, 김국광이 아뢰었다.

"세조 때에 어떤 사람이 신문고를 치려고 했는데 잘못하여 누고漏鼓: 시각을 알리기 위하여 치는 북을 쳤습니다. 이로 인하여 금지시킨 것이지 특별히 다른 까닭이 있는 것은 아닙니다. 이제 신문고를 치게 허락하신다 해도 무방합니다."

임금이 말하였다.

"그것을 허락하라."

_ 성종 2년(1471, 신묘) 12월 15일

원통함과 억울함이 없게 신속히 처리하라

사헌부에 전지傳旨하였다담당 승지를 통해 왕명서(王命書)를 전달하였다.

"『경국대전』에는 원통하고 억울한 일을 당해 하소연하려는 자들이 서울에서는 주장관主掌官: 여기서는 사헌부의 담당 관원에 소장訴狀을 올리고 지방에서는 관찰사에게 소장을 올리게 하였으며, 그래도 원통하고 억울한 자는 신문고를 치게 하였다. 무릇 억울함을 하소연하는 자는 먼저 자기 고을의 해당 관사에 소장을 올렸어도 원통함을 풀지 못한 다음에야 관찰사나 사헌부에 소장을 올리고, 관찰사나 사헌부에서도 끝내 해결이 되지 못한 뒤에야 퇴장退狀: 돌려받은 고소장을 받아서 상언上言: 임금에게 억울한 사정을 알리는 것하게 되어 있으니, 순서가 바로 잡혀 있고 체계적이며 선대 임금들께서 세우신 법이 지극히 상세하였다. 그런데 근래 들어 서울이나 지방의 백성들이 나라의 법을 살펴보지 않고 자기 고을이나 해당 관사에서 처결處決할 수 있는 작은 일까지 모두 번거롭게 상언하고도 오히려 만족하지 못하고, 어가御駕: 임금의 행차가 나갈 때를 만나면 소장을 들고 길을 막으면서 어지럽게 하소연을 늘어놓으며 혹은 호위하는 자들과 충돌하기에까지 이르렀다. 임금의 행차가 이르는 곳에서는 마땅히 엄숙하고 공손해야 하는 것이 예의이거늘 방자함이 이러한 지경이다. 이 다음부터는 모든 억울함을 제소提訴하는 일들을 본부本府: 사헌부에서 가려 판단할 만하다면 신속하게 처결하도록 하고, 독단적으로 결정하기 어려운데 그 사정이 절박한 것은 옛 제도대로 고소장을 돌려주어 그로 하여금 상언할 수 있게 하라.

또한 『경국대전』 옥사獄事를 처결하는 기한의 조문을 보면 중대한 사건은 30일이고, 중간 정도 되는 사건은 20일이고, 작은 사건은 10일이다. 그런데 지금 옥사를 처결하는 관리들 모두가 능력이 뛰어난 것이 아니기도 하고, 혹은 판결하기를 게을리하는 자도 있고, 혹은 권세를 두려워하여 사사로이 행하면서 법을 굽히는제멋대로 적용하는 자도 있다. 이 때문에 소송하는 날짜가 지체되어 원통하고 억울함이 더욱 쌓이게 되니, 관사를 설치하여 직책을 나누어 담당하게 만든 취지에 어긋남이 있다. 너희 사헌부에서 항상 검사하고 조사하여 보고하도록 하라."

_ 성종 13년(1482, 신묘) 8월 3일

4-5.『삼강행실열녀도』를 언문으로 펴내다

예조禮曹에 명하였다.

"국가의 흥망은 풍속이 순박한가, 천박한가에 달려 있다. 풍속을 바로잡는 일은 반드시 집안을 바로잡는 데에서 시작해야 한다. 예로부터 동방東方은 바르고 믿음직하여 음란하지 않다고 일컬어져 왔다. 근래에는 사대부 집안의 부녀 중에서도 잘못 처신하는 자가 있으니 과인이 매우 염려스럽다. 언문으로 만든 『삼강행실열녀도』三綱行實列女圖 여러 질帙을 인쇄하여 서울의 오부五部: 조선시대 한양을 중부·동부·서부·남부·북부로 나눈 다섯 구역의 관청와 각 도道에 골고루 내려주도록 하라. 하여 궁벽한 시골의 부녀자일지라도 모두 가르치고 익히게 하라. 그러면 풍속을 바꿀 수 있을 것이다."

_ 성종 12년(1481, 신축) 3월 24일

예조에서 아뢰었다.

"지금 전하의 명을 받들건대, '『삼강행실열녀도』를 서울과 지방의 부녀자들에게 두루 강습시킬 절목節目을 마련해서 아뢰라' 고 하셨습니다. 신들이 헤아려 보건대, 서울 안에서는 종친이나 벼슬아치, 벌열閥閱: 나라에 공로가 많고 벼슬을 많이 해 온 집안의 집안뿐만 아니라, 비록 가문이 한미한 자라 할지라도 온 가족이 모여서 거주합니다. 그러니 가장家長으로 하여금 제 집안 식구들을 가르치게 하면 될 것입니다.

지방에서는 궁벽한 시골에 흩어져 살거나 친척이 없으므로 가르치기가 어려울 것입니다. 촌로村老 가운데 명망이 있는 자를 골라서 마을에서 두루 가르치게 하소서. 가장家長이나 혹은 계집종을 가르쳐서 그들로 하여금 부녀자들을 가르치게 하소서.* 하여 모든 부녀자들이 배우고 익혀 명백히 깨우치게 하소서.

이와 같이 시행하시고 절개와 행실이 남보다 뛰어난 자에게는 특별히 정문旌門: 충신·열녀·효부를 표창하는 붉은 문을 내리시고, 그것을 가르친 자도 아울러 상을 주도록 하소서."

* 집안을 다스리는 것은 가장의 책임이므로 가장에게 가르쳐서 집안 식구들을 가르치게 하는 것이고, 계집종을 통해 가르치는 것은 가장이 없는 경우에 해당하는데 아무리 명망 있는 촌로라 해도 외간남자에게 부녀자가 직접 배울 수 없으므로 부녀자를 가까이에서 모시는 계집종을 통해 가르치게 한 것이다.

임금이 그대로 따랐다.

_ 성종 12년(1481, 신축) 4월 21일

4-6. 재가녀 자손의 임용을 법으로 금하다

주강晝講에 나아갔다.

『근사록』近思錄을 강론하다가 "과부는 의리상 부인으로 삼을 수 없다"라고 한 구절에 이르러, 임금이 물었다.

"이 말을 보면 부녀가 재가再嫁하는 것은 의리에 매우 해롭다. 그런데 근래에 신하들이 '재가해 낳은 아들이 사대부의 무리에 들지 못해 억울해하는 일이 있습니다'라고 아뢴 것은 무슨 까닭인가?"

시독관 민사건閔師騫이 아뢰었다.

"재가녀의 자손을 등용하지 않는 법은 중요합니다. 이 법을 세우지 않으면 풍속이 허물어지는 것을 구제하기 어렵습니다."

판교判校 이명숭李命崇이 아뢰었다.

"나이 들어 자식이 있는 여인은 재가하지 않는 것이 마땅합니다. 그러나 어리고 자식이 없는 여인의 경우, 그 부모가 재가시키려고 한다면 허락하는 것이 어떻겠습니까?"

민사건이 아뢰었다.

"이 말은 옳지 못합니다. 일단 재가를 허락한다면, 나중에 가서 나이가 어린지 장년인지, 자식이 있는지 없는지, 부모의 뜻이 있는지 없는지를 누가 분별하겠습니까?"

_ 성종 14년(1483, 계묘) 9월 11일

사간원 정언正言 황정黃玎이 아뢰었다.

"『경국대전』에 '재가한 여자의 자손은 문·무 관직에 등용하지 않는다'라고 하였습니다. 이번에 새로 제수된 감찰 정은동鄭銀同과 겸춘추관兼春秋館 기주관記注官 박시행朴始行의 어미는 모두 두 번 시집갔으니, 마땅히 『경국대전』에 의해서 바로잡아야 할 것입니다. 다만 그들이 재가한 것이 『경국대전』을 반포하기 전에 있었던 일입니다. 어찌 처리해야 할지 전하께서 결단을 내려주소서."

이에 임금이 명하였다.

"대신과 승정원에서 의논하도록 하라."

정창손이 아뢰었다.

"재가한 여인의 자손을 문·무 관직에 등용하지 않는다는 법은 지나치게 엄한 것이니 시행해서는 안 됩니다. 다만 의도적으로 절개를 버린 경우간통한 경우라면, 비록 그 일이 『대전』을 반포하기 전에 있었던 일이라 하더라도 그 자손을 문·무 관직에 임용해서는 안 됩니다."

한명회, 심회, 윤필상, 홍응, 윤호 등이 아뢰었다.

"재가한 여자의 자손을 문·무 관직에 등용하지 않는 법은 『경국대전』을 반포한 시점 이후부터 적용하여 시행하소서."

이에 임금이 한명회 등의 의논에 따랐다.

_ 성종 17년(1486, 병오) 4월 26일

4-7. 장사(葬事) 풍속을 정비하다

예조와 사헌부에 명하였다.

"자식된 자로서 부모가 돌아가시면 마땅히 좋은 무덤자리를 살펴서 안장해야 한다. 그러나 무지한 백성들 중에 간혹 그 부모를 안장하지 않고 시신을 불태우는 자가 있다. 풍속을 허물어뜨리고 지켜야 할 인륜을 망치는 것이 이보다 더 심할 수 없다. 태조 이래로 금지령을 내렸으나, 습속이 남아 있어 이전의 폐단을 답습할까 염려된다.

이제부터 도성에서는 사헌부가, 지방에서는 감사監司와 수령이 엄하게 금하고 단속하라. 만일 어기는 자가 있으면 법에 의해 죄를 주되, 그 친척이나 이웃 중에 알고도 막지 않은 자 역시 무겁게 형벌을 내리라."

_ 성종 1년(1470, 경인) 2월 7일

주강에 나아갔다.

『예기』禮記를 강론하다가, "사士는 석 달 만에 장사하고 그 달에 졸곡卒哭: 삼우제가 지난 뒤에 지내는 제사. 사람이 죽은 지 석 달 만에 오는 첫 정일(丁日)이나 해일(亥日)을 가려서 지냄하며, 대부大夫는 석 달 만에 장사하고 다섯 달 만에 졸곡한다"라는 구절에 이르러, 임금이 말하였다.

"우리나라에서도 이렇게 하는가?"

지사 강희맹이 대답했다.

"우리나라에서도 그렇게 합니다. 사士: 일반 선비는 달을 넘겨 장사하고 대부大夫: 벼슬한 선비는 석 달 만에 장사합니다. 만일 사유가 있어서 기한을 넘겼는데도 장사를 치르지 못하는 경우에는 예조에 고하게 되어 있습니다.

그런데 지방의 민간에는 어버이를 장사지내는 날에 풍악을 울리고 술을 마시는 경우까지 있습니다. 이렇게 하지 않으면 온 마을 사람들이 상喪을 야박하게 치른다고 비난하기 때문입니다. 강상綱常: 삼강오륜, 인간이 지켜야 할 도리을 무너뜨리고 풍속을 어지럽히는 것이 이보다 심할 수 없으니, 엄하게 금하여 폐해가 되는 풍속을 고치소서."

임금이 말하였다.

"이러한 풍속은 그대로 둘 수 없다. 의정부에 명을 내려 서울과 지방에 알려서 엄하게 금하도록 하라."

_ 성종 9년(1478, 무술) 12월 11일

의정부에 명하였다.

"어버이의 상喪에는 정성을 다하면 된다. 어찌 낭비하고 사치스럽게 치러야 하겠는가? 슬픔을 다하는 데에서 그쳐야 할 것이다. 그러므로 '상喪은 의식과 절차를 잘 갖추는 것보다 슬퍼하는 것이 낫다'라고 하였고, 또한 '죽었을 때에는 예禮에 맞게 장사지낸다'라고 하였다. 예가 넘치고 슬픔이 부족한 것도 옳지 않은데, 하물며 예에 맞지 않게 제멋대로 하여 요망한 데 빠졌다면 어떻겠는가. 이것이 어찌 인륜을 지키고 풍속을 바르게 하는 도리겠는가?

지방의 민간풍습은 예교禮敎: 예식 절차에 관한 국가 시책에 따르고 있지 않다. 어버이를 장사지내는 날에 신神을 즐겁게 한다는 명목으로 무당을 불러 와서 술을 마시고 풍악을 울려 밤새도록 못하는 짓이 없다. 이런 행동들이 점차 물들어서 풍속이 되어 이런 일들을 자연스럽게 여긴다는 말을 들었다. 무너진 강상과 어지러운 풍속을 그대로 둘 수 없으니, 서울과 지방에서 그런 행동을 모두 금하도록 하라."

_ 성종 9년(1478, 무술) 12월 14일

4-8. 적서 차별을 확립하다

예조에서 아뢰었다.

"윤대하는 자가, '사대부의 집에서 정情에 얽매여 적자嫡子를 폐하고 지자支子: 장남이 아닌 아들로 하여금 제사를 받들게 해서 강상을 어지럽히고 있습니다. 청컨대 이제부터는 부모의 유서가 있다고 하더라도 다시 법률에 의해 판결하게 하소서'라고 말했다고 들었습니다.

신들이 『대명률』을 자세히 살펴보니, '적자를 세우되, 법을 어기는 자는 곤장 80대에 처하고, 그 적처嫡妻의 나이가 50세 이상으로 아들이 없는 자는 서장자庶長子를 세울 수 있으며, 장자를 세우지 않은 자는 곤장 80대에 처한다'고 했습니다.

제사를 주관할 때 밭과 노비를 물려받는 이익이 있기 때문에, 주는 자는 정에 이끌리고 받는 자는 의리에 어두워집니다. 부자와 형제 사이에 은의恩義가 어긋나 각박해지고, 풍속을 손상시켜 망치는 것이 이보다 심한 것이 없습니다.

『대명률』에 해당하는 조목이 있으므로 지자 상속을 지극히 엄하게 금지하고 있습니다. 하지만 그 적자를 폐한 경우는 대부분 그 장본인이 죽은 뒤에 일이 발각되므로 죄를 줄 수가 없습니다. 청컨대 지금부터는 부모가 혼미할 때 남긴 유언에 따라 적자의 자리를 빼앗는 자 역시 '적자를 세우는 법을 어긴 율'[立嫡子違法律]로써 다스리소서. 그 가운데 혹시 적자가 승계를 감당하지 못할 사유가 있는 경우에는, 그 아비가 관가에 고하여 임금의 재결裁決: 알맞게 판결을 내리는 것을 받도록 하소서."

임금이 그대로 따랐다.

_ 성종 4년(1473, 계사) 7월 1일

예조에서 아뢰었다.

"참판 조방림趙邦霖은 적자가 없어서 첩의 아들 조복해趙福海를 후사로 삼았습니다. 그런데 조방림이 죽자 그의 아우 조부림趙傅霖이 조복해에게서 제사를 받드는 전택田宅과 노비를 빼앗으며 '『경국대전』의 봉사奉祀 조항에, 적장자嫡長子에게 후사가 없으면 중자衆子: 장남 이외의 아들가, 중자에게 후사가 없으면 첩자妾子가 제사를 받든다고 했다. 내가 중자이므로 예에 따라 마땅히 제사를 받들어야 한다'고 말했습니다.

이에 조복해가 제사를 받들어야 할 자가 누구인지를 가려 달라고 관청에 고소했습니다. 신들이 상고하건대 『경국대전』에 이른바 '적자에게 후사가 없다'는 것은 본부인과 첩 모두에게서 후사가 없는 것을 가리킨 것입니다. 따라서 조복해가 비록 첩의 아들이라고 하지만 조방림에게 후사가 없다고 말할 수는 없습니다. 청컨대 『경국대전』에 의하여 조복해로 하여금 제사를 받들게 하소서."

원상들에게 이것을 의논하도록 명하니 정인지, 정창손, 최항, 김질, 성봉조가 아뢰었다.

"적嫡과 첩妾의 구분은 하늘처럼 높고 땅처럼 낮아서 어지럽게 할 수 없습니다. 『경국대전』의 뜻은, 적자에게 후사가 없으면 중자衆子가 제사를 받들게 하고, 중자에게 후사가 없으면 부득이 하여 첩의 아들로 하여금 제사를 받들게 한 것입니다.

법이라는 것은 천리天理에서 근원하고 예禮는 인정人情에서 인연한 것입니다. 중자가 있는데도 먼저 첩의 아들로 하여금 제사를 주관하게 한다면 인정과 천리에 크게 어긋납니다. 또한 적통과 신분과 어른을 업신여기는 풍습이 이로 인하여 일어날 것이니, 역시 옳지 못합니다."

신숙주 등이 아뢰었다.

"『경국대전』에 있는 해당 조항은 아들 항렬에 대해서만 논한 것이지 손자 항렬에는 미치지 않습니다. 그러므로, '적장자에게 후사가 없으면 중자가, 중자에게 후사가 없으면 첩자가 제사를 받든다'고 한 것입니다. 맏아들에게 첩의 아들이 있다면 어찌 적장자에게 후사가 없다고 하겠습니까? 이런 까닭에 첩의 아들이 있는 자에게는 따로 양자를 세우는 것도 허락하지 않았습니다. 이는 첩의 아들도 제사를 받들 수 있다는 것이고, 이것이 법을 세운 본래의 뜻입니다. 가령 맏아들이 제사를 받든 지가 여러 해 되었는데 혹시 그에게 적자가 없거나 혹은 있어도 먼저 죽어서 첩의 아들만 남아 있는 경우가 생길 수도 있습니다. 이때 제사를 빼앗아서 동생이나 동생의 아들에게 준다면, 맏아들은 죽어서 사당에 들어가지도 못할 것입니다. 노비와 전택을 모두 빼앗기게 된 자들이 불복하여 어지럽게 송사가 일어날 것이니, 진실로 법을 세운 뜻이 아닙니다. 어찌 남이 이미 물려받은 것을 빼앗아 분쟁의 단서를 일으키게 할 수 있겠습니까?"

원상, 의정부, 육조의 판서를 불러서 의논을 하나로 정해서 보고하도록 명하였다. 정인지, 정창손, 한명회 등이 아뢰었다.

"중자衆子가 제사를 받드는 것이 마땅합니다."

신숙주, 홍윤성, 이극배, 함우치가 아뢰었다.

"손자인 첩의 아들로 하여금 제사를 받들게 하는 것이 마땅합니다."

임금이 마침내 정인지 등의 의논을 따랐다.

_ 성종 4년(1473, 계사) 10월 1일

4-9. 임금이 효자를 불러 관직을 내리다

충청도 청주 사람인 효자 경연慶延이 임금의 부름을 받고 올라왔다. 임금이 선정전에 나아가 그를 가까이 불러 말하였다.

"네가 관직을 청하지 않았다는데, 무엇 때문인가?"

경연이 대답하였다.

"신은 성현의 가르침을 믿습니다. 윗사람은 아랫사람에게 구할 바가 있지만, 아랫사람은 윗사람에게 구하는 것이 없어야 한다고 들었습니다. 그러므로 스스로 관직을 청하기가 어려웠을 뿐입니다."

임금이 말하였다.

"그대와 같은 효성은 옛사람에게서 찾으려 해도 찾아보기가 쉽지 않다. 옛말에 이르기를 '두 마리의 잉어가 얼음에서 튀어나왔다'고 했다. 지금 그대에게도 같은 일이 일어났으니, 하늘의 도가 변치 않았음을 증험하는 것이다. 과인이 그것을 매우 가상히 여긴다."

곧 도승지 현석규에게 말하였다.

"이 사람이 이전에 벼슬한 적이 있는가?"

현석규가 대답했다.

"본래 관직을 구하지 않았던 사람으로, 계사년1473년, 성종 4년에 효성이 알려져서 특별히 남부참봉南部參奉에 제수되었으나, 어미의 상喪을 당하여 벼슬에 나아가지 않았습니다."

임금이 말하였다.

"충忠·효孝를 겸비하기란 실로 어렵다. 이제 내가 그대를 쓴다면, 그대는 장차 어떻게 하겠는가?"

경연이 아뢰었다.

"만약 써주신다면 목숨 바쳐 최선을 다하겠습니다."

임금이 말하였다.

"책은 얼마나 읽었는가?"

현석규가 아뢰었다.

"이 사람은 경오년1450년, 세종 32년 생원시生員試에 급제했습니다. 오늘 아침에 신이 물었더니 사서오경四書五經을 읽었다고 했습니다."

경연이 다시 아뢰었다.

"신은 사서四書와 『시경』詩經·『서경』書經·『주역』周易·『예기』禮記

를 읽었습니다. 요순堯舜의 백성이 되려는 마음을 먹지 않는다면 신하가 아니고, 위대한 순임금과 증자曾子와 같이 어버이를 봉양하지 않는다면 자식이 아니라고 생각해 왔습니다. 신이 그런 뜻을 품고 있었지만, 그것을 행할 기회가 없었습니다."

임금이 말하였다.

"어버이를 위하여 물고기를 구했으니, 그대의 효심이 실로 지극하다. 하지만 고기를 잡으려고 옷을 벗고 물에 들어갔다가 나오지 못했더라면 어버이의 마음이 어떻겠는가? 끝내 효도를 다하지 못했을 것이 아닌가?"

경연이 대답했다.

"신의 아비는 병이 나서 누운 지 1년이 넘었습니다. 미음조차 거의 먹지 못해 여윈 나머지 뼈가 드러날 지경이었습니다. 어느 날 저녁 비가 내려 앞개울에 물이 넘쳐 흘렀는데, 신의 아비가 갑자기 말했습니다. '생선회[魚膾]를 먹고 싶다. 하지만 날씨가 추워 물이 얼어 붙었으니 그것을 어찌 구하겠느냐?' 그때가 정월 6일이었습니다. 신은 즉시 이웃에 사는 어부와 함께 그물을 들고 개울에 나가 옷을 벗고 들어가려 했습니다. 그러나 물이 깊은데다 물살이 세어 그물을 칠 수가 없었습니다. 어부가 신에게 '어버이를 위하는 그대의 마음은 충분히 알겠지만, 지금은 물고기를 잡을 때가 아니니 그만두는 게 좋겠다'고 만류했습니다.

신이 말했습니다. '아닐세. 병든 아버지가 거의 죽게 되어 물고기를 먹고 싶어 하시니, 나는 힘을 다할 뿐이네. 그만두라니 이 무슨 말인가?'

그러고 나서 물이 천천히 흐르는 쪽에 그물을 설치했으나, 하루가 다 지나도록 소득이 없었습니다. 신이 지는 해를 쳐다보며 목 놓아 울면서 말했습니다. '옛사람 중에는 얼음을 깨뜨리고 튀어 나온 물고기를 얻은 이도 있다는데, 내게는 그런 일이 없구나. 내 정성이 부족하구나!'

잠시 후에 까만 물고기가 그물에 걸렸습니다. 너무 기뻐하며 잡아 보았는데 살아 있는 것 같지 않았습니다. 신은 슬픔이 북받쳐 올라 흐느끼며 말했습니다. '본래 산 물고기를 잡아 아비에게 드리려고 했는데, 죽은 물고기를 얻었구나!'

그러자 물고기가 가느다랗게 숨을 쉬었습니다. 이후 또 한 마리의 큰 붕어가 잡혔습니다. 그러나 비늘이 많이 상했으므로, 금세 죽을까 두려워 옷으로 싸 가지고 돌아왔습니다. 물동이에 넣고 손으로 어루만지니, 물고기들이 곧 헤엄치기 시작했습니다.

까만 물고기로 회를 만들어 드렸더니 아비가 먹고서, '내 평소 입맛이 없었는데, 이것으로 입맛이 돌아왔구나'라고 하였습니다."

이어서 경연이 다시 아뢰었다.

"그물을 설치한 지 오래되었으므로, 물고기가 우연히 잡힌 것뿐입니다. 이것이 어찌 정성에 감응한 것이겠습니까? 뜻하지 않게 헛된 칭찬을 받게 되고, 이 소문이 성상聖上께 들리어 번거롭게 부름까지 받았으니 몸 둘 바를 모르겠습니다."

경연이 말을 하다가 해를 쳐다보며 목 놓아 울던 일에 이르러 울음을 참느라고 저절로 말을 잇지 못하자, 임금이 말하였다.

"착한 사람이로다. 지극한 정성이 없었다면 어떻게 이와 같은 일이 있었겠는가."

이조에 관직을 내리라고 명하였다.

현석규가 아뢰었다.

"멀리서 와서 여관에 묵고 있으니 양식이 없을 것입니다. 그에게 쌀과 고기를 내려주소서."

_ 성종 7년(1476, 병신) 6월 12일

五• 떠들썩했던 왕실스캔들과 이런 일 저런 일

5-1. 중전 윤씨 1차 폐위 소동*

대왕대비, 숙의 윤씨를 중전으로 삼다

대왕대비가 교지를 내려 정승을 지낸 사람과 의정부·육조참판 이상의 신하들과 대간을 불러 뜻을 전하였다.

"중전의 자리가 오랫동안 비어 있으니,** 내가 왕후를 정하여 위로는 종묘를 받들게 하고, 아래로는 국모國母로 삼으려고 한다. 숙의淑儀 윤씨尹氏***는 주상께서 소중히 여기시며 내 생각에도

* 성종 8년(1477) 3월 29일 대왕대비가 중전 윤씨를 폐출할 것을 대신들에게 의논하게 했고, 30일에 빈(嬪)으로 강등되었다. 그러다가 그날로 갑자기 복위되는 일련의 소동이 벌어졌다. 이 모든 과정이 2일 동안 일어났기 때문에 '폐위 소동'이라고 했다.

** 성종 5년(1474) 4월 15일 한명회의 딸이며 성종의 첫번째 왕비였던 공혜왕후가 죽었다. 이때는 공혜왕후의 삼년상을 마치고 난 이후였다.

*** 숙의 윤씨 : 봉상시판사(奉常寺判事) 윤기견(尹起畎)과 고령 신씨(申氏)의 딸. 아버지 윤씨는 대왕대비 정희왕후와 같은 파평 윤씨에서 갈라져 나온 후손이었으며, 어머니는 신숙주와 사촌지간이다.

또한 중전이 되기에 합당하다. 윤씨는 평소에 허름한 옷을 입어 검소한 것을 숭상하고 하는 일마다 정성을 다했으니 대사大事를 맡길 만하다. 윤씨가 나의 이러한 뜻을 알고서, '저는 본래 덕德이 없으며 과부의 집에서 자라나 보고 들은 것이 없습니다. 세 대비께서 저를 선택하신 뜻을 저버리고 주상전하의 거룩하고 밝은 덕에 누를 끼칠까 몹시 두렵습니다'라며 사양하였다. 내가 이 말을 듣고 더욱더 그를 어질다 여기게 되었다."

정인지 등이 아뢰었다.

"모든 이들이 바라는 바입니다."

이에 임금이 말하였다.

"나도 매우 기쁘다. 경들의 생각도 나와 같으니 한 잔 마시도록 하라."

_ 성종 7년(1476, 병신) 7월 11일

대왕대비, 중전의 처결을 의논하게 하다

정승을 지냈던 사람과 의정부·육조판서 ·대사헌·대사간을 부르게 하니, 정창손·심회·조석문·윤사흔·윤필상·서거정·임원준 ·이승소·강희맹·이극중·허종·어유소·윤계겸·이예·김영유 등이 부름에 나왔다. 내관 문중선文仲善이 대왕대비의 언문 교지를 알렸다.

"세상을 오래 살다 보니 별 일을 다 보게 되는구나. 이달 20일에 사헌부 감찰의 심부름꾼이라 자칭하는 자가 숙의淑儀 권씨덕종의 후궁으로 여러 후궁들을 총괄하여 다스렸다의 집에 언문 편지를 던진 일이 있었다. 그 편지에는 소용昭容 정씨와 숙의 엄씨가 서로 짜고 중전과 원자元子를 해치려고 한다는 내용이 쓰여 있었다. 소용 정씨가 중전과 원자를 해치려고 꾸민 것으로 보인다. 그러나 지금은 소용 정씨가 임신한 상태이므로 해산한 뒤에 그를 국문하고자 한다.

어느 날 주상이 중궁전에서 종이로 쥐구멍을 막아 놓은 것을 보았다. 쥐가 튀어 나오면서 종이가 밖으로 나왔다. 또 중전의 침소에서 작은 상자가 있는 것을 보았는데 열어 보려고 하자 중전이 숨겼다. 그것을 열어 보았더니 작은 주머니에 비상砒霜이 들어 있고, 또 굿하는 방법이 적힌 책이 있었다. 이 책과 쥐구멍에 있던 종이를 맞춰 보았더니 딱 들어맞았는데, 그 종이는 책이 잘려 나간 부분이었다. 놀라서 물으니, 중전이 대답했다. '친잠례親蠶禮: 양잠을 장려하기 위해 왕비가 직접 누에를 치던 행사를 행할 때 여종 삼월이가 바친 것입니다.' 이에 삼월이를 문초하니 중전이 한 말이 사실임이 밝혀졌다. 중전이 만일 현명했다면 그 즉시 삼월이의 잘못을 아뢰었을 것인데, 그렇게 하지 못했다.

중전이 숙의였을 때에는 일하는 데 빈틈이 없어서 주상이 그를 소중히 여겼고 세 대비도 역시 그러했다. 모든 빈들 가운데에 가장 훌륭하기에 중전으로 책봉했는데, 중전이 되면서부터 잘못하는 일이 많았다. 그러나 이미 귀중한 몸이 되었으니 어찌 사사건건 책망할 수 있겠는가? 지금에 와서 생각해 보니 예전에 잘했던 것은 중전의 자리를 노리고 자신을 드러내려고 한 것이었다.

지금 주상이 중전을 귀히 여기는데 중전이 어찌 주상에게 해를 입히려고 했겠는가? 비상과 주술책은 주상이 총애하는 후궁을 제거하기 위해서였을 것이다. 부인은 지아비에 대해서 옳고 그름을 따지지 않는 것을 덕德으로 삼는다 했으니, 투기는 아름다운 일이 아니다. 하물며 제후諸侯는 아홉 명의 부인을 둔다는데 지금 우리 주상은 그 수에 미치지 못한다. 어찌 국모로서 모범을 보여야 할 사람이 이와 같은 행동을 한단 말인가?

우리 세 대비가 같이 앉아서 묻는다면 중전이 대답할 말이 없을 것이니, 중전의 잘못은 명백하다. 지금 주상께 사랑받고 있는데도 하는 짓이 이와 같은데, 혹시 조금이라도 뜻대로 되지 않는다면 이보다 더한 일이 없을 거라고 어찌 장담하겠는가?

이는 종묘와 사직에 관계되는 일이기에 경들을 불러 의논하는 바다. 내가 당초에 사람을 제대로 알아보지 못했음을 부끄럽게 생각한다. 중전이 이미 국모가 되었고 또한 원자가 있는데, 장차 어떻게 처리하면 좋겠는가?"

내관 김효강이 임금의 말씀을 전하였다.

"내가 즉위한 뒤로 좋은 일도 겪었고 좋지 않은 일도 겪었다. 이번 일은 내가 집안을 다스리지 못한 것이라 몹시 부끄럽다. 경들은 중전을 어찌 처결할 것인지 의논하라."

좌우의 신하들이 중전의 일을 듣고 서로 돌아보며 아연실색하여 할 말을 잃었다.

예조판서 허종이 아뢰었다.

"옛날에 폐위해서는 안 되는데 폐했다가 잘못된 경우가 있었고, 마땅히 폐해야 하는데 폐하지 않아서 잘된 경우도 있었습니다. 게다가 보통 부인들은 투기하기 마련입니다. 앞으로 전하께서 귀한 자녀들을 많이 두시겠지만 앞날은 알 수 없습니다. 원자가 지금은 어리지만 곧 장성할 것이니 어찌 중전을 폐하겠습니까? 뒷날 후회해도 되돌릴 수 없습니다.

신은 이번 일을 온 나라에 알리지 마시기를 청합니다. 별궁에 거처하게 하여 2, 3년 동안 개과천선改過遷善하는 것을 기다린 후에 다시 복위復位시키는 것이 좋겠습니다. 만일 개과천선하지 않는다면 그때에 가서 폐한들 무슨 문제가 되겠습니까?"

이에 임금이 말하였다.

"판서의 뜻은 마치 은나라에서 이윤이 태갑*을 동궁桐宮으로 추방하여 잘못을 뉘우치게 했던 일과 똑같이 하라는 것인가?"

허종이 답했다.

"그렇습니다."

임금이 말하였다.

"중전을 폐하여 사가私家에 거처하게 하더라도 빈의 예로 대접한다면 이것은 원자를 폐하는 것은 아니다. 경들의 생각은 어떠한가?"

정창손이 말하였다.

"폐하여 사가에 거처하게 하는 것은 옳지 않습니다. 별궁別宮에 거처하게 해야 합니다."

이에 한漢나라 무제武帝의 진황후陳皇后, 효성황제孝成皇帝의 허황후許皇后, 화제和帝의 음황후陰皇后, 송宋나라 인종仁宗의 곽황후郭皇后가 별궁에 유폐되었던 일을 아뢰었다.

임금이 말하였다.

"그러면 중전을 폐하는 것을 만백성에게 알리고 종묘에 고해

* 태갑(太甲)은 은(殷)나라의 제2대 임금으로, 처음 즉위했을 때 방탕하여 이윤(伊尹)이 동궁(桐宮)으로 추방시켰다. 3년 뒤에 자신의 잘못을 반성하였으므로 다시 맞이하였는데, 그후 선정(善政)을 베풀었다.

야 하는가?”

정창손 등이 아뢰었다.

“부인은 투기하기 마련이니, 이는 종묘·사직에 관계된 일은 아닙니다. 또한 교서로 널리 반포하는 것은 적절치 않으니, 관청에만 전하는 것이 어떻겠습니까?“

이에 임금이 말하였다.

“이것은 큰일이니 종묘와 사직에 고하고, 온 나라에 널리 알리는 것이 옳다.”

허종이 다시 아뢰었다.

“성상께서 이 일에 대해서는 충분히 고민하셨을 것입니다. 그러나 자세히 헤아려 보아야 마땅하니, 전하께서는 정승들과 함께 3일을 더 생각하셔서 후회가 남지 않도록 하소서.”

임금이 말하였다.

“판서의 말은 잘못된 것이다. 그의 생각은 뒷날 다른 아들을 낳는다면 원자元子의 입지가 어떻게 될까 걱정한 것이다. 그러나 이처럼 큰일을 당했는데 어찌 뒷날의 일부터 걱정하겠는가? 뒷날에도 대신들이 있을 것이다. 오늘의 일은 종묘와 사직을 위한 것이지 내 개인의 감정 때문에 그런 것이 아니다. 정승들은 내일 와서 자세히 의논하라.”

_ 성종 8년(1477, 정유) 3월 29일

중전을 폐하여 빈으로 강등하다

이른 아침에 재상들을 모두 모아 놓고 전교하였다.

"내가 여러 번 다시 생각해 보니, 이는 투기만이 문제가 아니다. 가지고 있던 주머니에 비상이 있었다. 비록 나를 해치려고 한 것이 아니라 하더라도 국모로서의 바른 처신에서 크게 벗어난 일이다. 별궁에 두게 된다면 징계하는 뜻이 없다."

정창손 등이 아뢰었다.

"옛날부터 왕후를 폐하여 서인庶人: 평민을 만드는 법은 없습니다. 지금 중전을 낮추어서 빈으로 삼으면 모시는 자가 있어야 할 것이니, 사가에 거처하게 할 수 없습니다. 옛말에도 '폐하여 소대궁昭臺宮에 거처하게 했다'라고 하였고 또, '폐하여 이원尼院과 선원仙院에 거처하게 했다'라고 했습니다. 중전을 빈으로 강등한다면 어찌 징계함이 없겠습니까? 사가는 누추하여 거처할 수 없습니다."

임금이 말하였다.

"백방으로 다시 생각해 보아도 별궁에 거처하게 하는 것은 옳지 못하다."

정창손 등이 전과 같이 대답했다.

임금이 말하였다.

"정승의 말이 비록 이와 같으나 나의 의혹은 풀리지 않는다. 사가에 두면 윤씨의 어미와 함께 거처할 것이다."

정창손 등이 아뢰었다.

"옛 임금들이 왕후를 폐하려 하면 대신들 중에 막는 자가 있었습니다. 이번에는 중전이 크게 잘못했기 때문에 신들이 감히 청하지 못하고 있습니다. 그러나 우선 별궁에 두었다가 끝내 뉘우쳐 고치지 않을 경우 사가로 돌아가게 해야 할 것입니다. 처음부터 사가에 두게 되면 비록 나중에 뉘우쳐 깨닫더라도 그때 다시 별궁에 들일 수 없기 때문입니다. 또한 중전의 모친인 대부인大夫人이 이번 일을 알고 있었다면 그 죄로 인해 먼 지방으로 쫓겨 나야 할 것이니 도성에 있을 수 없습니다."

도승지 현석규가 아뢰었다.

"교서敎書: 임금이 내리는 명의 내용이 적힌 문서에는 일의 전말을 밝히지 않을 수 없습니다. 관련자들을 모두 심문하여 진상이 다 드러난 뒤에 종묘에 고하고 교서를 반포하는 것이 어떻겠습니까?"

임금이 말하였다.

"나는 중전을 폐하여 자수궁慈壽宮에 두고자 한다. 새로 봉할 위호位號: 작위와 이름를 상의하여 아뢰도록 하라. 종묘에 고하고 교서를 반포하는 것은 관련자들을 모두 심문하여 진상이 다 드러나는 것을 기다리는 것이 좋겠다."

정창손 등이 의논하여 수빈壽嬪·귀인貴人·소의昭儀로 아뢰니, 빈으로 정하였다. 서거정으로 하여금 폐위 교서를 초안하게 하고, 강희맹과 이승소에게 종묘에 고할 축문을 초안하게 하고 모든 재상들은 물러갔다.

_ 성종 8년(1477, 정유) 3월 30일

대왕대비의 뜻에 따라 폐위를 결정하다

임금이 승정원에 명하였다.

"오늘 빈嬪이 출궁할 모든 일을 갖추어 놓고 기다리라"

또 말하였다.

"빈은 호號가 없을 수 없으니 속히 의논해서 아뢰도록 하라."

이때 이미 가마는 건양문建陽門: 창덕궁 안쪽에 있던 동쪽 담장 문 밖에 준비되어 있었다.

임금이 선정전에 나아가니, 이극기와 승지들이 들어왔다.

이극기가 아뢰었다.

"재상들과 의논하여 중전을 폐위하여 빈으로 봉할 것을 정하셨고 이제 그 호를 의논하라는 명을 들었습니다. 중전을 빈으로 강등한다면 반드시 종묘에 고해야 하는데 무슨 죄가 있는지 알지 못하겠습니다. 종묘에 고할 정도의 죄목이 있다면 어찌 빈으로 책봉하는 것입니까? 또한 중전을 책봉할 때 중국의 명을 받았으니 지금 폐위한다면 중국에 먼저 알려야 할 것입니다. 장차 무슨 말로 중국에 고하겠습니까? 또 종묘에 고한다면 반드시 온 나라에 알려야 하는데 어떻게 하시겠습니까?"

동부승지 홍귀달이 아뢰었다.

"이극기의 말이 옳습니다. 지금 이 일에 네 가지 옳지 못함이 있습니다. 종묘에 고하는 것이 옳지 못하고, 중국에 고하는 것이 옳지 못하고, 온 나라에 반포하여 널리 알리는 것이 옳지 못하고, 원자가 있는데 동요하게 하는 것이 옳지 못합니다."

임금이 말하였다.

"나의 뜻은 경들과는 다르다. 전날 모였던 모든 재상들을 불러서 의견을 하나로 모아 다시 아뢰도록 하라."

재상들이 모두 모여 승지들과 함께 다시 의논하였다.

"어제 여러 사람들의 의견은 중전을 폐하지 않으려고 한 것입니다. 그러나 주상 전하의 뜻이 이미 정해져서 감히 다시 청하지 못한 것입니다."

재상들이 모두 폐위할 수 없다는 것으로 의견을 정하니, 정창손 등이 내관을 불러 아뢰게 하였다. "신들의 의견이 하나로 정해졌습니다. 그러나 내관이 모두 아뢰지 못할까 염려됩니다. 승지로 하여금 직접 아뢰기를 청합니다."

임금이 선정전에 나아가니, 임사홍이 뭇사람들의 의견을 가지고 들어가서 아뢰었다.

"정창손이 말한 대로 신들은 중전을 폐위하면 안 된다고 생각합니다. 그러나 전하의 뜻이 굳어졌기 때문에 감히 청하지 못했다고 합니다. 지금 중전이 비록 실덕失德했다고 하지만, 종묘사직에 관계된 일이 아니고 단지 투기한 것일 뿐입니다. 부인들은 투기하기 마련인데 원자元子가 있으니 하루아침에 중전을 버릴 수 없습니다. 이 같은 일은 반드시 후회가 있을 것입니다. 청컨대 원자를 중히 여겨 중전을 폐하지 마소서."

노사신이 아뢰었다.

"중국의 명을 받아 중전으로 책봉한 지 얼마 되지도 않았는데 갑자기 그의 실덕을 사방에 널리 알린다면 이는 아녀자의 소소한 일을 바깥에 알리는 것입니다. 또한 원자가 태어나서 나라의 근본이 이미 정해졌는데, 그가 장성하여 어른이 된 뒤에 이러한 일을 듣게 된다면 어찌 가슴 아파하지 않겠습니까?"

모든 재상들과 함께 눈물을 흘렸다. 임사홍이 또 아뢰었다.

"정창손이 말했습니다. '문종文宗이 세자로 있을 때에 세자빈 김씨에게 작은 과실이 있어서 세종世宗께서 쫓아냈습니다. 훗날 세종께서 후회하시기를, 내가 이 일을 잘못 처리했구나!라며 종신토록 말씀하셨습니다.' 김씨는 세자빈에만 봉해졌을 뿐이고 뒤를 이을 아들도 없었는데, 세종께서 크게 후회하셨습니다. 지금 중전은 국모의 자리에 있고 또한 원자가 있습니다. 이런데도 폐하셔야 하겠습니까?"

임사홍이 눈물을 흘리면서 아뢰었다.

"여러 사람의 의논이 이와 같으니 원컨대 다시 생각하소서."

심회가 아뢰었다.

"죄는 작고 중전을 폐하는 일은 중대하니, 청컨대 훗날의 큰 일을 생각하여 오늘의 작은 허물을 용서해 주소서."

임금이 말하였다.

"경들은 어찌하여 원자를 보전하지 못할까 염려하면서도 훗날 있을지도 모르는 종묘사직의 근심은 헤아리지 못하는가? 지금 중전이 작은 일에도 이러한데 만약 한 가지라도 마음에 들지 않는다면 이보다 더 큰 일이 있지 않겠는가?"

모두 아뢰었다.

"중전이 아직 어리십니다. 오늘의 일은 잘못되었으니 원컨대 다시 생각하소서."

임금이 말하였다.

"대왕대비께서 나에게 말씀하시길, '후환이 없게 하라'고 하셨소. 그러니 내 다시 여쭈어 보겠소."

뭇 신하들이 연영문延英門: 창덕궁 승정원 남문 밖에 나아가 대왕대비의 명을 기다리니 내관 안중경이 나가서 교지를 널리 알렸다.

"중전을 폐하겠다는 나의 뜻은 이미 정해졌다. 그러나 경들이 말하기 때문에 다시 한 번 알리는 것이니, 동요하지 말아야 할 것이다."

뭇 신하들이 세 대비전에 예를 올렸다.*

_ 성종 8년(1477, 정유) 3월 30일

* 중전의 폐위가 결정되고 나서 방양서와 비상을 바친 것으로 지목된 윤씨의 종 삼월이를 국문한다. 그 와중에 중전이 복위되었다는 소식이 들려온다. 실록에는 복위가 어떻게 진행되었는지 나와 있지 않고, 3월 30일 네번째 기사 중간에 "현석규 등이 윤기견(尹起畎)의 아내 신씨(申氏: 중전의 어머니)가 미리 알고 있었다고 해서 불러서 물어보려고 했는데, 중전이 복위(復位)했다는 말을 듣고 이에 그만두었다"라고만 나와 있다.

5-2. 폐비가 된 중전 윤씨, 출궁당하다

중전을 폐출시키는 교서를 내리다

교서를 반포하였다.

"나라가 잘 다스리는 것은 집안이 다스려지는 데서부터 시작된다. 하夏나라는 우임금의 부인 도산塗山으로 인해 흥성했고, 주周나라는 유왕幽王의 아내 포사褒姒로 인해 패망했다. 나라의 흥망성쇠는 왕후의 어짊과 어질지 못함에 달렸으니, 어찌 막중하지 않은가?

왕비 윤씨尹氏는 후궁에서 중전의 자리에 올랐다. 그러나 부인으로서 내조하는 공은 없고 오히려 투기하는 마음만을 가졌다. 지난 정유년성종 8년, 1차 폐위 소동이 있던 때에는 몰래 독약을 품고서 궁에 있는 사람을 해치고자 하는 음모가 분명히 드러나 내가 그를 폐하고자 하였다. 하지만 조정의 대신들이 의견을 모아 폐위하지 말고 개과천선할 기회를 주라고 청하였다. 나 역시 중전을 폐하는 일이 큰일인 데다 허물을 고칠 수 있으리라고 믿어 결단하지 못하고 오늘에 이르게 된 것이다.

그러나 윤씨는 자신의 잘못을 뉘우쳐 고칠 마음은 가지지 않고 오히려 덕을 잃었으니 그 허물이 매우 심하여 일일이 열거하기가 어렵다. 그러니 결단코 위로는 종묘를 받들고, 아래로는 나라의 모범이 될 수가 없다. 이에 성화成化 15년성종 10년, 1479년 6월 2일에 윤씨를 폐하여 서인庶人: 평민으로 삼는다.

아아! 법에 칠거지악七去之惡이 있는데, 어찌 한 점의 사사로움이 있겠는가! 이는 여러 번 생각해서 만세萬世를 염려하여 결정한 것이다."

_ 성종 10년(1479, 기해) 6월 2일

중전을 폐출한 이유를 대신들에게 알리다

정승을 지냈던 사람과 의정부, 육조, 대간 등이 아뢰었다.

"윤씨를 폐하여 사가로 돌아가게 한 것은 옳지 못합니다."

이에 전교하였다.

"경들은 내가 중전을 폐한 이유를 알지 못하고 모두들 이렇게 반대하니 내가 대면해서 낱낱이 말하겠다."

곧 선정전에 나아가 승지, 주서, 사관을 들어오게 하였다.

임금이 말하였다.

"경들은 모두 나에게 큰일을 가볍게 처리했다고 한다. 그러나 중전을 폐하는 일을 어찌 쉽게 했겠는가? 간혹 옛날 제왕 중에 참소하는 말을 듣고서 왕후를 폐한 경우가 있었다. 하지만 내가 어찌 이와 같이 했겠는가? 대왕대비께서도 말씀하셨다. '내가 이전부터 주상께 화가 미칠까 두려워 하루도 마음을 놓지 못했다. 결국 가슴앓이가 생겼는데 폐비를 내친 이후로 점점 나아지고 있다.' 이는 대비께서 중전을 폐한 뒤로 마음이 편안해지신 것이다.

지난 정유년성종 8년, 1477년에 윤씨가 몰래 독약을 숨겨 놓고서 사람을 해치고자 하였다. 곶감과 비상을 주머니에 같이 넣어 두었으니, 이것이 나에게 먹이려고 한 것인지 누가 알겠는가? 자식을 낳지 못하게 하는 법이나 반신불수가 되게 하는 법, 그리고 사람을 해치는 방법을 적은 작은 책을 상자 속에 깊이 감추어 두었다가 발각되었으니, 그 책은 지금도 대비께서 갖고 계신다. 또한 언문 편지를 거짓으로 만들어서 선왕의 후궁 권씨의 집에 보냈다. 이 편지는 후궁 엄씨와 정씨가 자신과 원자를 해치려고 작당했다는 내용을 담고 있다. 이 편지를 세상에 알려 엄씨와 정씨를 해치려고 한 것이다.

이전부터 사나운 낯빛으로 나를 보았고, 나의 모든 흔적을 지워 버리겠다고 말했다. 나무꾼의 아내도 감히 그 지아비에게 맞서지 않는 법인데, 하물며 왕비가 임금에게 그럴 수 있는가? 또 거짓 서찰을 친정에 보내 이르기를 '주상이 나의 뺨을 때리니, 장차 두 아들을 데리고 친정에 가서 남은 일생을 편하게 살겠다'고 했다. 내가 우연히 그 편지를 보고 '이처럼 거짓으로 나를 모함하니 앞으로 찾지 않을 것이다. 그대가 허물을 고치면 그때 보겠다'라고 했더니, 윤씨가 뉘우치며 말했다.

'저를 거제나 요동이나 강계로 보내시더라도 달게 받겠습니다. 『남방기』南方記에서 발원한 것처럼 무량수불無量壽佛 앞에서 팔뚝에 향을 태워 다시는 잘못하지 않을 것을 맹세하겠습니다.'

그래서 내가 그것을 믿었지만 지금 이 지경에 이르렀으니 예전의 말들은 모두 나를 속인 것이다.

또 상참常參이 있는 날에는 중전이 나보다 일찍 일어나야 마땅하다. 하지만 조회를 받고 내실로 돌아온 뒤에야 일어나니, 이것이 아녀자의 도리라 할 수 있겠는가? 궁 안에 있으면서도 대신들의 집안일에 대해 뒷말하기를 좋아했다. 그러니 어찌 그의 말을 믿을 수 있었겠는가?

내가 살아 있을 때라면 중전이 어찌 변을 일으키겠는가. 하지만 내가 죽으면 반드시 난을 일으킬 것이니, 경들 중에 오래 사는 자는 그것을 목격하게 될 것이다."

정창손과 박숙진이 아뢰었다.

"신들이 폐비를 별궁에 안치하고자 하는 것은, 윤씨를 위함이 아니고 곧 원자와 대군大君: 윤씨가 낳은 둘째아들, 1477~1479을 위하는 것입니다."

임금이 말하였다.

"비록 백 가지로 그대들이 말하더라도 나는 듣지 않을 것이니 물러가라. 내 장차 그 증거들을 내보이겠다."

_ 성종 10년(1479, 기해) 6월 5일

대왕대비, 폐비가 만든 글을 보여 주다

정승, 대간, 육조의 당상관들이 물러나서 빈청賓廳에 있었다. 대비전의 내관이 대왕대비의 교지와 윤씨가 만들었던 글을 가지고 와서 보였는데, 모두 다 언문이었다.

채수가 아뢰었다.

"청컨대 한자漢字로 번역해서 사책史策에 기록하게 하소서."

이에 채수와 이창신·정성근에게 명하여, 그 글을 한문으로 옮기게 하였다.

대왕대비의 교지는 다음과 같았다.

"왕비를 폐하는 교서에는 큰 줄기만을 말하고 그 연유를 다 밝히지 않았기 때문에 대간들이 다투는 것이다. 주상이 어찌 우발적으로 결정했겠는가? 부득이했던 것이다. 만약 우발적인 것이라면 우리들이 어찌 막지 않았겠는가?

중전 윤씨는 이전부터 거의 주상의 명을 따르지 않았다. 또한 부족한 내가 수렴청정하던 것을 보고 자신도 어린 임금을 끼고서 정치할 뜻을 품었다. 해서 옛날에 수렴청정했던 왕후들의 일을 즐겨 말하곤 하였다.

주상이 몸이 불편할 때에도 개의치 않고 뜰에서 꽃놀이 하고 새를 잡아 희롱했다. 하지만 제 몸이 불편하면 기도하기를, '저는 아직 죽을 수 없습니다. 꼭 해야 할 일이 있습니다'라고 하였다. 평소의 말이 늘 이와 같으니 우리 대비들이 항상 중전을 두려워했다. 주상의 몸이 아플 때면 왕의 음식에 독을 넣을까 염려하여 여러 가지 방법으로 방비하면서 중전이 지나가는 곳에는 임금의 음식을 두지 않도록 하였다.

우리들이 비록 국모라고 불리지만 본래는 보통 사람인 것이요, 한 나라에서 높임을 받는 분은 주상이 아니고 누구이겠는가? 그런데도 항상 주상을 경멸하여 식사조차 편하게 들지 못하게 했다. 제 스스로 큰 죄를 지었다고 하면서도 끝내 바뀌지 않았으니 지금에 와서 내가 어찌해야 좋겠는가? 자식이 없었더라도 지켜 주었을 것인데, 원자가 있으니 내 어떠했겠는가?

그러나 날로 더 악해져서 거리낌조차 없어졌다. 하지만 주상이 너그럽고 인자하여 항상 감싸주면서 허물을 고치게 하려 한 것이 한두 번이 아니었다. 우리들도 부족하나마 예전 어진 왕비들의 일을 곡진하게 가르쳤으나 들으려고 하지 않았다. 지금에 와서 폐위를 결단한 것은 허물을 고칠 가망이 없기 때문이다.

평소 아랫사람들이 잘못할 때마다 중전이 말했다. '지금은 너에게 죄를 줄 수 없지만 훗날 멸족시킬 것이다.' 이런 마음을 가지고 원자를 제대로 가르칠 수 있겠는가? 주상이 자리에 있을 때 이런 관계를 끊어 내야만 원자를 제대로 길러 낼 수 있을 것이다.

지난 해에는 중전이 주상을 옹졸하다고 비난했고, 또한 그 흔적을 지워 버리겠다고 했으므로 주상이 부득이 정승들에게 알렸던 것이다. 윤씨를 폐하는 것이 지금 원자에게는 가련한 일이나, 주상의 근심과 괴로움이 제거될 것이고 우리들도 마음을 놓게 될 것이다.

우리들은 항상 제철에 나는 먹거리를 진상받으면 먼저 종묘에 올렸다가 다시 원묘原廟: 궁궐 안에 있는 선왕의 어진이나 위패를 모신 사당에 올리고 난 다음에야 맛보았다. 중전은 우리들이 간곡하게 타일렀음에도 아예 종묘에 올리지도 않고 모두 다 사사로이 써

버렸다.

잘못을 했을 때 우리들이 물어보면 '주상께서 허락한 것입니다'라고 하고, 주상이 이를 보고 꾸짖으면 '대비께서 허락한 것입니다'라고 했으니, 그 거짓된 행실이 이와 같았다.

지난 정유년성종 8년, 1477년 3월 20일에 사헌부 감찰 권씨의 집안 사람이라 사칭하는 자가 흰 보자기에 싼 작은 상자를 숙의 권씨의 사가에 던졌다. 그 상자에는 숙의 엄씨와 숙용淑容 정씨가 중전과 원자를 해치려 모의한다는 두 편의 편지, 약간의 비상과 주술책 한 권이 들어 있었다. 그 집안 사람이 상자를 가지고 대궐에 들어와서 숙의 권씨에게 바쳤다.

봉보부인奉保夫人: 왕의 유모이 일찍이 중궁전의 침소에 갔었다. 신다울루목神荼鬱壘木: 문을 맡아 악귀를 쫓는 두 귀신을 나무로 만든 것을 가지고 말뚝 박는 소리가 들렸는데, 사람 발소리가 들리자 그쳤다고 한다. 임금이 주무시는 곳 옆에 쥐구멍이 있어 쥐가 항상 드나들었는데 중전이 책을 만들고 남은 종이로 그 쥐구멍을 막았다. 이때 중궁전에서 작은 상자가 발견되어 열어 보니 상자 속에 책이 있었는데 모두 숙배단자肅拜單子: 임금께 인사 올리는 글에 쓰는 종이로 되어 있었다.

어느 날 봉보부인이 중전의 침실에 갔다가 쥐구멍에서 앞에 말한 종이를 끄집어내 보고는 의심스러워서 대비전에 바쳤는데 그것 역시 숙배단자의 종이였다. 이것은 숙의 권씨 집에 던졌던 그 주술책과 빛깔이 같았으며 들쭉날쭉하게 잘라 낸 곳까지 같았다. 이에 세 대비는 예전에 말뚝 박는 소리가 중전이 권씨 집에 던질 책을 만들었을 때 난 것이라고 의심하였다.

또한 중전은 감추어 둔 상자가 하나 있었는데 항상 직접 열고 닫았으며 다른 사람이 엿보는 것을 허락하지 않았다. 주상이 그것을 의심하여 중전이 세수하는 틈을 타서 가져다 살펴보았더니, 그 안에 작은 주머니가 있었다. 주머니 속에는 비상가루가 있었고 비상을 바른 곶감 두 개가 있었으므로, 이 모든 것이 중전이 한 짓임을 알았던 것이다."

_ 성종 10년(1479, 기해) 6월 5일

5-3. 폐비 윤씨에게 사약을 내리다

윤씨의 신하인가, 이씨의 신하인가

시독관 권경우가 아뢰었다.

"신이 전에 죄를 지어 먼 지방에 있다 돌아와서 조정의 일에 참여하지 못했습니다. 하여 생각한 바가 있어도 감히 아뢰지 못했습니다. 폐비 윤씨는 지은 죄가 매우 커서 폐위하는 것이 마땅합니다. 그러나 국모였던 윤씨가 민가에 살게 된 것을 온 나라의 신하와 백성들은 마음 아프게 여깁니다.

옛사람이 '헤진 장막도 버리지 않는 것은 말[馬]을 묻기 위함이다'라고 말했습니다. 임금이 사용하던 물건은 비록 수레와 말이라도 함부로 처리하지 못합니다. 이는 임금이 지극히 존귀한 분이시기 때문입니다. 신의 생각으로는 폐비에게 따로 처소를 장만해 주고 관청에서 옷과 음식을 대주는 것이 좋을 듯합니다."

임금이 좌우의 신하들에게 물었다.

"어떻게 하면 좋겠는가?"

한명회가 아뢰었다.

"신들은 전부터 같은 뜻을 아뢰었습니다. 지존께서 쓰시던 것은 아무리 자질구레한 것이라도 궐 밖에 두지 못하는데, 하물며 국모였던 분은 어떻겠습니까?"

임금이 언성을 높여 말했다.

"윤씨의 죄는 이루 다 말할 수 없다. 애초 그를 모시던 삼월이에게 죄를 줄 때부터 폐하고자 했으나, 대신들이 만류했기에 억지로 참고 개과천선하기를 기다렸다. 그런데도 허물을 고치지 않아 내가 세 대비전의 허락을 받아 위로는 종묘에 고하고 아래로는 대신들과 의논하여 폐위시켜 사가로 내보낸 것이다. 내 어찌 사사로운 노여움으로 그리했겠는가. 만일 국모답게 행동했다면 마땅히 국모로 대우했을 것이다. 이미 서인이 되었는데, 민간에 사는 것이 어찌 민망한 일이겠는가? 그런데 어째서 경들은 국모로 대우하려고 하는가. 이는 원자에게 아첨하여 후일의 지위를 구하려는 속셈일 것이다."

시강관 이명숭李命崇이 아뢰었다.

"윤씨의 죄악을 궐 밖에서는 알지 못하지만 신들은 자세히 알고 있습니다. 어찌 후일을 대비하려 이런 말을 아뢰겠습니까?"

임금이 말하였다.

"만일 원자를 위해서가 아니라면 임금에게 죄를 지은 윤씨를 왜 두둔하는가? 근래에 문절文節과 백영번白英蕃이 같은 내용의 상소를 올렸다. 그들은 벼슬이 높지 않으니 후일을 대비하려는 목적을 가지고 말한 것이 분명하다. 그들을 문책해야 하지만, 내가 먼저 직언을 구해서 그들이 상소한 것이므로 죄를 주지 않은 것이다. 그런데 이제 경들이 같은 말을 있으니, 이는 윤씨를 위하는 것이지 나를 위하는 것은 아니다.

윤씨가 나에게 곤욕을 준 일은 이루 다 말할 수 없다. 윤씨는 작은 주머니에 항상 비상을 가지고 다녔으며 또 곶감에 비상을 섞어서 상자 속에 넣어 두었으니, 무엇에 쓰려고 했겠는가? 종들에게 쓰려던 것이 아니라면 반드시 나에게 썼을 것이다. 그러니 종묘와 사직이 어찌 편안하겠는가? 나는 틀림없이 왕후에게 시해당한 당나라 중종中宗과 같은 신세가 되었을 것이다.*

또한 윤씨는 내가 거처하는 곳의 장막을 가리키며 '소장素帳: 장사지내기 전에 궤에 치는 흰 포장이다'라고 말했으니 나를 죽은 사람 취급한 것이다. 윤씨의 무도함이 이와 같은데 내가 목숨을 보전

* 당(唐)나라 중종은 왕후인 위후(韋后)의 음란함과 방자함을 방치했다가 뒤에 위후에게 도리어 시해당하였다.

한 것만 해도 다행이라 하겠다.

과인이 아직은 젊지만 사람이 장수할지 요절할지는 알 수 없다. 만일 일찍이 계책을 도모하지 않았다면 윤씨가 한漢나라 여태후나 당나라 측천무후則天武后*와 같은 화禍를 일으키지 않았겠는가? 원자도 효자가 아니라면 그만이지만, 효자라면 어찌 윤씨를 어미로 여기겠는가? 내가 죽은 뒤에라도 내가 거처하던 곳에 윤씨를 살게 하겠는가?"

채수가 아뢰었다.

"어미가 죄를 지어 쫓겨나면 평범한 사람들도 어미로 여기지 않는 법입니다. 하물며 원자는 어떻겠습니까? 신들은 별도의 처소를 마련하여 폐비를 높이 받들려는 것이 아닙니다. 예전 금金나라의 임금 양亮은 천하의 폭군이었습니다. 그 뒤를 이어 옹雍 임금이 즉위했을 때 양은 원수와 다름이 없었지만 양의 왕후였던 도단씨徒單氏만은 배고프고 헐벗게 하지 않았습니다.

근래에도 종친인 화의군和義君 이영李瓔과 귀성군龜城君 이준李

* 여태후는 한(漢)나라 고조(高祖)의 황후로, 고조가 죽은 뒤에 황제로 집권하여 여씨(呂氏) 일족을 왕으로 봉하였고, 유씨(劉氏)의 한나라를 위태롭게 한 여씨의 난을 일으켰다. 측천무후는 당(唐)나라 고종(高宗)의 황후였는데, 고종이 죽은 후에 당 황실의 자손을 쫓아내어 죽이고, 자신이 여황제가 되어 신성황제(神聖皇帝)라 일컬었으며, 국호도 주(周)라고 바꿨으나, 후에 재상 장간지(張柬之) 등에 의하여 폐위되었다.

浚의 죄가 종묘사직에 관계되어 먼 지방으로 추방했는데도 그들에게 옷과 음식을 공급해 주었습니다. 그러니 윤씨도 유폐시키되 옷과 음식을 공급하는 것이 좋겠습니다."

임금이 말하였다.

"경들은 윤씨가 가난한지 어떻게 아는가? 누가 말해 주었는가?"

채수가 아뢰었다.

"윤씨의 집은 본래부터 가난합니다."

안윤손이 아뢰었다.

"금년에는 먹을 것이 모자랍니다. 윤씨 또한 어찌 궁핍하지 않겠습니까?"

권경우가 아뢰었다.

"신이 요사이 들으니 윤씨의 집에 도적이 들었다고 합니다. 만일 뜻밖의 변고가 생기면 나라에 큰 문제입니다."

임금이 말하였다.

"이미 도적을 체포하라는 명을 내렸으니, 잡게 되면 마땅히 그 죄를 다스리겠다. 윤씨의 집에 도둑이 든 것이 나랏일과 어떤 관계가 있다고 그렇게 말하는가? 윤씨의 죄악은 대의大義로써 결단해야 마땅하지만 과인이 그를 단죄하지 않았다. 윤씨가 목숨을 보존한 것만 해도 다행이다. 그런데 옷과 음식을 내리라고 하는 것은 어째서인가? 만일 그대들이 윤씨가 굶주리고 헐벗은 것을 불쌍히 여기는 것이라면 어찌하여 그대들의 녹봉으로 도와주지 않는가? 윤씨가 궁에 있을 때에 항상 부자라고 자랑했으니, 어찌 굶주리고 헐벗는 데까지 이르렀겠는가? 경연관들은 나의 뜻을 알 만한데도 말하는 것이 이와 같으니, 그대들은 윤씨의 신하인가, 이씨의 신하인가?"

_ 성종 13년(1482, 임인) 8월 11일

폐비를 죽여 뒷날의 근심을 없애라

임금이 선정전에 나아가서 영돈녕領敦寧 이상의 대신들과 의정부, 육조, 대간들을 불러 말하였다.

"윤씨가 흉악한 것을 이루 다 말할 수 없다. 애초 죄를 주어야 마땅했지만, 참으면서 개과천선하기를 기다렸다. 기해년성종 10년, 1479년에 이르러 그의 죄악이 매우 커진 뒤에야 폐비하여 서인庶人으로 삼았지만 차마 법대로 처리하지는 않았다. 이제 원자가 점차 장성하는데 그대들이 뜻을 정하지 못하고 있다. 오늘날에는 염려할 것이 없다고 하지만, 뒷날의 근심을 이루 다 말할 수 있겠는가? 경들은 각자 사직을 위한 계책을 진술하라."

정창손이 아뢰었다.

"후일에 반드시 주체할 수 없는 환란이 일어날 것이니, 미리 예방하여 도모하지 않을 수 없습니다. 다만 원자를 생각하면 결정하기가 어렵습니다."

임금이 말하였다.

"내가 만일 큰일을 해결하지 않는다면, 원자가 어찌 결단할 수 있겠는가? 후일 종묘와 사직이 위태롭게 된다면, 그 죄는 모두 과인에게 있다."

심회와 윤필상이 아뢰었다.

"마땅히 대의大義로써 큰 결단을 내리셔야 합니다."

임금이 말하였다.

"후일에 윤씨가 권세를 부리게 되면 그 후환이 어찌 크지 않겠는가? 측천무후가 조정의 신하들을 많이 죽였던 것은 자기 죄가 커서 천하가 복종하지 않을 것을 알았기 때문이고, 자신의 위엄을 보이려고 했기 때문이다."

이어서 좌우의 신하들에게 물었다.

"어떻게 처결해야 하겠는가?"

재상과 대간들이 다 같이 아뢰었다.

"큰 결단을 내리심이 옳다고 여겨집니다."

이에 곧 좌승지 이세좌李世佐에게 명하여 윤씨를 그 집에서 사사賜死하게 하고, 우승지 성준成俊에게 명하여 이 뜻을 세 대비전에 아뢰게 하였다.

이세좌가 아뢰었다.

"신은 윤씨의 얼굴을 알지 못하니, 청컨대 내관과 함께 가고자 합니다."

이에 조진曺疹에게 명하여 따라가게 하였다. 이세좌가 나가서 어의御醫 송흠宋欽을 불러서 물었다.

"어떤 약이 사람을 죽일 수 있는가?"

송흠이 대답했다.

"비상만 한 것이 없습니다."

주서 권주權柱로 하여금 전의감典醫監에 달려가서 비상을 가지고 오게 하였다. 저녁이 되자 전교하였다.

"이세좌는 궁으로 돌아오지 말고 퇴청하라 이르라."

_ 성종 13년(1482, 임인) 8월 16일

5-4. 제안대군, 두 번 이혼하다

첫 부인 김씨와 헤어지다

임금이 정승 등에게 말하였다.

"제안대군齊安大君: 예종의 맏아들의 부인 김씨가 지난해 6월 풍병風病을 얻었다. 때로는 현기증이 나기도 하고, 두 다리가 약해져서 반걸음 걸어가는 중에도 간혹 넘어지곤 하였다. 그런 이유로 사가私家에 물러가서 병을 치료하도록 했는데 오히려 정신이 오락가락하며 깨어나지 못하고 입에서 거품이 나올 때도 있었다. 그 집에서 '조금 나았다'고 하기에 대궐 안으로 데려왔다. 하지만 대비를 따라 후원에 나갔을 때 섬돌을 오르다가 넘어지는 것이 예전과 같았다. 약을 먹고 침과 뜸으로 치료하기에 힘썼으나 지금까지도 낫지 않았으니, 이는 다시 회복할 수 없는 병이다.

전에 덕원군德源君이 내 앞에 있다가 갑자기 풍증風症이 나타

나서 바로 부축해 나간 적이 있었다. 두 다리가 풀려 땅에 끌렸지만 침을 맞고 뜸을 떠서 곧 낫게 되었다. 침과 뜸으로 풍병을 치료하기가 이처럼 쉬운데도 김씨의 병은 유독 낫지 않으니, 나을 수 없는 것이 명백하다.

또 인혜왕대비예종의 정비이자 제안대군의 모후께서는 보통 때에도 병이 많고 음식을 잘 소화시키지 못하여 간혹 토하시는 때도 있다. 하여 손자가 생기기를 기다리시는데 마음이 더 급하다. 이는 대왕대비께서도 마찬가지시다. 그러니 김씨를 폐하는 것이 어떠한가?"

정창손, 심회, 윤사흔, 홍응, 노사신, 이극배 등이 아뢰었다.

"폐하는 것이 적당합니다."

_ 성종 10년(1479, 기해) 12월 20일

헤어진 김씨를 다시 만나다

종부시宗簿寺: 왕가의 족보를 편찬하고 종친의 잘못을 규찰을 담당하던 관청에서 아뢰었다.

"제안대군은 일찍이 대왕대비께서 내린 전교에 따라 부인 김씨를 버리고 박씨에게 장가들었습니다. 그후 헤어진 김씨의 집에 가서 몰래 밤을 보내고, 또 함께 살면서 거리낌이 없었습니다. 청컨대 다시 헤어지게 하소서. 또 김씨의 아비 김수말金守末은 이 사실을 즉시 아뢰지 않고, 딸자식을 대군의 피접처避接處: 병을 앓던 사람이 집을 떠나 요양하고 있던 곳에 몰래 보냈습니다. 청컨대 사헌부로 하여금 국문하게 하소서."

임금이 그대로 따랐으나, 제안대군만은 용서하였다.

_ 성종 13년(1482, 임인) 5월 17일

제안대군의 유모와 여종들, 부인 박씨를 음해하다

형방승지 강자평姜子平이 임금의 명을 받고 제안대군의 유모와 여종들을 남쪽 빈청에서 국문하였다. 제안대군의 부인 박씨가 여종과 동침한 일에 관한 것이었다. 동침한 자가 누구냐고 물으니 "내은금內隱今, 금음덕今音德, 둔가미屯加未 등입니다"라고 하였다. 내은금이 말했다.

"저는 부인과 5월부터 동침했습니다. 하루는 부인이 저를 위해 노래를 지어 불렀는데, 제가 그립고 생각난다는 내용이었습니다."

금음덕이 말했다.

"밤에 부인이 제 잠자리로 오기에 더럽다고 물리쳤습니다. 부인이 '사내의 흔적이 네 몸에 남아 그러느냐?'라고 했습니다. 다음날 아침에 언문을 써 주며 부인이 말했습니다. '어젯밤에 몇 번이나 나를 사랑했느냐? 내가 남자였다면 사내처럼 사랑해 주었을 텐데 너도 매우 안타까울 것이다.' 이달 초 6일 밤에는 내은금과 부인이 함께 자고 있었습니다. 대군의 유모 금음물今音勿이 부인의 여종 녹덕祿德과 함께 등불을 밝히고 들어가서 이불을 걷고서 그것을 확인했습니다."

_ 성종 13년(1482, 임인) 6월 11일

임금이 내관 안중경安仲敬과 서경생徐敬生에게 명하여, 제안대군의 아내 박씨에게 가서 사정을 묻게 하였다. 박씨가 말하였다.

"어느 날 밤 내가 잠이 들기를 기다리고 있는데 둔가미가 와서 동침하기를 여러 번 청했습니다. '내가 비록 귀신이나 도깨비 취급받는다 하더라도 명색이 주인인데 네가 어찌 동침하자고 하느냐?'라고 했더니 둔가미가 물러갔습니다.

어느 날 밤 내은금도 나와 동침하고자 하므로, 내가 꾸짖으며 물리쳤습니다. 그런데 내가 잠들기를 기다렸다가 몰래 잠자리로 들어왔습니다. 다음날 금음물이 녹덕을 데리고 등불을 밝히고 들어오기에 즉시 깨어났습니다. 금음물이 저를 보고, '양반이 저 모양이라니 더럽다, 더럽다'라고 했습니다. 그때 나는 새벽이 되었는데도 일어나지 않는다고 책망하는 줄로만 알고 한

마디도 대답하지 않았습니다.

하루는 금음덕이 내 베개에 기대면서 입을 맞추려고 하기에, '종과 주인 사이에 네가 어찌 이처럼 무례한가?'라고 꾸짖었습니다. 그런데도 그치지 않고 억지로 입을 맞추었습니다. 또 말하기를 '부인의 젖이 매우 좋습니다' 하면서 만지길래 손으로 뿌리쳤습니다.

어느 날 밤에 무심이가 침실 바깥에 와서 둔가미, 내은금, 금음덕, 금음물 등을 심문했다고 하는데, 나는 잠이 들어 알지 못했습니다. 다음날 아침에 무심의 목소리를 듣고 내은금에게 물었습니다. 그랬더니 내음금이 말했습니다. '무심이가 우리더러 부인과 동침했느냐고 묻기에, 부인이 시켜서 동침했다고 대답했습니다.' 무심이 나에게 말했습니다. '주상 전하께서 명하신 글에는, 부인이 한 일은 부인이 손수 써서 아뢰도록 하라고 쓰여 있습니다.'

금음물, 금음덕, 내은금, 둔가미 등이 나에게 간곡히 말했습니다. '이 모든 일을 부인이 스스로 했다고 대답하면 무죄가 되겠지만 그렇지 않다면 우리들이 죄를 받게 됩니다.' 그래서 제가 스스로 한 것이라고 써서 아뢰었습니다. 하지만 사실은 제가 한 일이 아닙니다.

단오 때에도 내가 백초삼白綃衫: 흰 비단 적삼을 입으려고 했으나,

내은금이 푸른 저고리와 녹색 치마를 입으라고 권했습니다. 내가 상중喪中이라고 물리쳤는데, 내은금이 '인생이 아깝다'고 하기에 그대로 따랐습니다. 또 개질동介叱同과 내은덕 등이 그네놀이를 하자고 간곡하게 청하기에 잠시 그네에 올라서서 둘러 보았습니다. 한데 사방이 훤하게 바라보이고 가린 데가 없기에 즉시 내려왔습니다."

_ 성종 13년(1482, 임인) 6월 16일

우의정 홍응과 우부승지 강자평에게 명하여 의금부에 가서 제안대군의 종들을 국문하게 하고, 또 내관에게 명하여 국문에 참여하게 하였다.

여종 둔가미가 자신의 죄를 말했다.

"대군의 유모 금음물과 내은금이 저에게 박씨 부인과 동침하라고 여러 번 시켰습니다. 어느 날 부인의 잠자리에 들어갔지만 부인이 꾸짖기에 동침할 수가 없었습니다. 그러다가 여종 무심이가 와서 물을 때 특별히 내은금이 저에게, '꼭 부인과 5일 동안 동침했다고 대답해야 한다'라고 시키기에, 저는 그 말대로 대답했습니다."

금음덕이 자백했다.

"금음물과 내은금이 저에게 박씨 부인의 잘못된 행실을 외우라고 했습니다. 전날 무심이가 와서 물었을 때 '부인이 내은금에게 노래를 지어 주었다'고 말했으며, 또 제가 자는 데에 와서 '같이 자자'고 요청했다는 일을 꾸며서 대답했습니다. 부인과 제가 서로 입을 맞추고 젖을 주무르고 했다는 등의 일은 그때 술에 취해서 기억이 나지 않습니다."

여종 개질동이 자백했다.

"제가 녹덕을 데리고 가서 이불을 걷고 박씨 부인이 내은금과 동침한 것을 보게 했습니다. 또한 부인으로 하여금 둔가미와 동침하게 하려고 일부러 '둔가미의 살결이 아름답다'고 칭찬했습니다. 부인에게 그네놀이를 하도록 권하였으며, 억지로 색깔이 있는 옷을 입게 만들었습니다. 그러나 이 모든 것은 제가 꾸민 일이 아니고 금음물이 꾀어서 한 것입니다."

내은금이 자백했다.

"금음물과 개질동이 저에게 말했습니다. '네가 박씨 부인과 동침하면, 내가 녹덕으로 하여금 증거로 보게 한 뒤에 부인의 잘못된 행실을 기록해서 아뢸 것이다.' 제가 부인이 깊이 잠들기를 기다렸다가 몰래 잠자리에 들어갔습니다. 같이 누워 있었는데, 조금 있다가 금음물이 녹덕을 데리고 와서 불을 밝히고 부인이 덮고 있는 이불을 모두 걷어 버렸습니다. 녹덕을 증인으로 삼으려고 한 것은 박씨 부인이 친정에서 데려온 여종이기 때문입니다."

대군의 유모 금음물이 자백했다.

“대군이 전처 김씨와 다시 합치려고 하시기에 제가 내은금 등을 시켜 박씨 부인과 동침하게 했습니다. 부인의 잘못된 행실을 꾸며서 부인이 악덕하다고 모든 사람들에게 알리려고 한 것입니다.”

무심이가 자백했다.

“저는 금음물 등이 박씨 부인의 과실을 거짓으로 꾸민 것을 처음에는 알지 못했습니다. 그러나 금음물 등이 부인의 잘못된 행실을 말하는 것을 듣다 보니 그들의 말이 지극히 무례하고 방자했습니다. 그제서야 그들의 말이 거짓이 아닐까 하는 의심이 들었습니다. 그러나 금음물이 이미 왕대비전에 아뢰었고, 박씨 부인도 변명하지 않았기에 저도 금음물이 아뢴 대로 말했을 뿐입니다.”

중운仲雲이 자백했다.

“제 아내 금음물이 박씨 부인을 모함하려고 모의하는 것을 저도 미리 들었습니다.”

_ 성종 13년(1482, 임인) 6월 18일

부인 박씨와 이혼하다

임금이 선정전에 나아가 말하였다.

"지난번 내가 세 대비전에 문안하였더니, 대왕대비께서 말씀하셨다. '제안대군의 아내 박씨가 불순하니 이혼을 허락하는 것이 마땅하다. 인혜왕대비가 주상께 차마 말씀드리지 못하고, 나로 하여금 전하게 하였다.'

과인이 대답하기를 '만약 박씨에게 죄가 있다면 그렇게 할 수 있지만, 그렇지 않다면 감히 대비전의 명을 따르지 못하겠습니다' 했다. 지금 또 왕대비께서 사람을 시켜 말씀하셨다. '전에 박씨가 궐에 들어올 때 내 말도 잘 따르지 않았습니다. 그러니 어찌 대군의 말을 잘 따르겠습니까?'

내가 생각해 보니, 어버이가 이처럼 며느리를 좋아하지 않는다면 내보내야 할 것이다. 이혼을 허락하는 것이 어떻겠는가?"

정창손 등이 아뢰었다.

"이는 큰일이니 쉽게 허락할 수 없습니다. 박씨 부인의 불순한 행동거지가 드러나지 않았는데 갑자기 이혼시키는 것은 옳지 못합니다."

이에 임금이 말하였다.

"대왕대비께서 하신 말씀이 간곡한데다가 제안대군의 성품이 본래 고집스러워 이혼을 말릴 수 없다. 부부가 반목하는 것이 이토록 심하니 이혼을 허락해야겠다."

_ 성종 13년(1482, 임인) 12월 11일

5-5. 제안대군, 김씨와 다시 재결합하다

김씨 부인과의 재결합을 청하다

제안대군이 언문 편지를 올렸는데, 승정원에서 한문으로 옮겨서 아뢰었다. 그 대략은 이러했다.

"신은 이미 김씨와 다시 결합했습니다. 지금 신을 위하여 새로 여자를 얻으라고 하시니, 실망함을 이기지 못하겠습니다. 신은 본래 새로 장가들 마음이 없습니다. 사대부의 딸인 김씨를 지금 또 다시 내친다면 나라에 폐단이 될 뿐만 아니라, 주상 전하와 양 대비전께도 큰 불효입니다. 만일 성상께서 은혜를 내리지 않으신다면 일생 동안 홀아비로 사는 것이 신의 소망입니다."

임금이 말하였다.

"경이 지난 날 김씨를 소박하려고 했을 때를 떠올려 보라. 어디서 남의 처가 죽었다는 말을 들으면, '김씨는 언제쯤 죽을 것인가?'라고 말했다. 심지어 공혜왕후가 죽었다는 말을 듣고서도, '나도 어떻게 하면 그렇게 될 수 있을까?'라고 말하였다. 이토록 김씨를 미워하다가 마침 김씨가 병이 들자 바로 세 대비전에 아뢰어 이혼까지 하였다.

그후 박씨에게 장가들었는데, 그이 또한 박대하였다. 그로 인하여 그대의 노비들이 박씨를 음해하기 위해 차마 못할 짓까지 저질렀다. 그들의 죄가 죽어 마땅하나, 위에 왕대비가 계시고 또한 그대를 생각해서 극형에 처하지 않고 멀리 귀양 보내는 것으로 그쳤다.

그런데 지금 그대가 다시 김씨와 결합하기를 청하니, 나는 그대의 속을 알지 못하겠다. 전에 김씨와 이혼한 것은 대왕대비와 양 대비께서 의논하시고 내가 결단한 일이었다. 지금 만일 다시 결합하게 한다면 후세에서 나라의 법을 어떻게 생각하겠는가? 이는 그대가 과인을 잘못된 길로 인도하는 것이다.

그대가 지금 26세*이므로 마땅히 새로 아내를 맞이하여 자식을 낳고 제사를 받들어야 할 것이다. 그런데 홀로 살겠다고 억지를 부리니, 이는 무슨 뜻인가? 그대가 전부터 여러 번 대비께 불효했는데 장가들지 않아 후사가 끊어진다면 그 불효는 더욱 심

* 당시 제안대군의 나이 19세였으나 실록에는 26세라고 나와 있다.

한 것이다."

제안대군이 다시 아뢰었다.

"신은 참으로 다른 마음은 없습니다. 만일 성상께서 은혜를 내리지 않으신다면 평생토록 홀로 살 것입니다."

이에 임금이 말하였다.

"알았다."

조금 뒤에 승정원에 전교하였다.

"제안대군의 말을 승정원에서도 들었는가?"

승지들이 모두 아뢰었다.

"제안대군이 김씨를 내친 뒤에 다시 사사로이 정을 통하였습니다. 나라에서 어찌 또다시 결합하라고 허락하겠습니까?"

_ 성종 16년(1485, 을사) 5월 29일

제안대군과 김씨 재결합하다

임금이 말하였다.

"인혜왕대비께서 말씀하시기를 '제안대군은 어리석고 병이 있습니다. 다시 장가들게 하려고 했으나 따르지 않고 김씨와 재결합하겠다고만 고집합니다. 강제로 다시 새장가를 들게 하더라도 또다시 그 부인을 버린다면 이는 화기和氣를 더욱 손상시키는 일이 될 것입니다'라고 하셨다. 그러니 모두들 제안대군과 김씨가 다시 결합하는 일의 가부可否를 논의하여 아뢰도록 하라."

심회, 홍응, 정성근, 기찬, 김수동이 아뢰었다.

"김씨는 병이 있어서 이혼한 것일 뿐이었고, 그 밖에 버림받아야 할 사유는 없었습니다. 박씨 부인은 이미 죽었고 김씨의 병은 나았으니, 다시 결합하도록 허락하소서."

이에 임금이 그대로 따랐다.

_ 성종 16년(1485, 을사) 7월 12일

5-6. 음탕한 어을우동, 교수형 당하다

어을우동於乙宇同을 교수형에 처하였다.* 어을우동은 승문원 지사承文院知事 박윤창朴允昌의 딸이다. 처음에 효령대군의 손자인 태강수泰江守 이동李仝에게 시집갔는데 행실이 반듯하지 못했다. 이동이 은장이를 집으로 불러들여 은그릇을 만들었는데, 어을우동이 그 자를 보고 좋아하여 계집종으로 꾸미고 나가서는 유혹하였다. 이동이 그것을 알고 즉시 어을우동을 어미의 집으로 쫓아냈다. 홀로 슬퍼하며 탄식하였는데, 한 계집종이 어을우동을 위로하였다.

"사람이 얼마나 산다고 이처럼 상심하고 탄식하십니까? 오종

* 성종 11년 10월 19일 기사를 보면 법에 의해서 어을우동의 간통을 처벌할 근거는 없었다. 『대명률』 중에서 '남편을 배반하고 도망하여 바로 개가(改嫁)한 것'과 유사하다고 보아서 교수형에 처하기로 결정했는데, 이것은 특별히 율(律) 밖의 형벌을 내리기로 한 것이었다.

년吳從年이란 사내는 일찍이 사헌부의 아전이 되었는데 태강수보다 훨씬 용모가 낫습니다. 집안도 천하지 않으니 배필로 삼을 만합니다. 주인께서 만약 생각이 있으시면 제가 그를 불러오겠습니다."

이에 어을우동이 머리를 끄덕였다. 어느 날 계집종이 오종년을 데리고 오니 어을우동이 맞아들여 간통하였다.

또 어을우동이 변장을 하고 방산수方山守: 세종대왕의 손자 이난李瀾의 집 앞을 지나갔다. 이난이 그를 맞아들여 간통하였다. 그들 사이에 정이 깊어지고 사이가 돈독해져서 어을우동이 자기 팔뚝에 먹물로 이난의 이름을 새겼다.

또 단오날에 화장을 하고 나가 놀다가 도성 서쪽에서 그네 뛰는 놀이를 구경하였다. 수산수守山守: 정종의 현손 이기李驥가 어을우동을 보고 좋아하면서 그 계집종에게 물었다.

"뉘 집의 처자냐?"

계집종이 거짓으로 답하였다.

"내금위內禁衛의 첩입니다."

마침내 남양南陽 경저京邸: 서울에 있으면서 지방 관청의 서울에 관한 일을 대행하던 곳로 맞아들여 정情을 통했다.

전의감典醫監 생도生徒 박강창朴强昌이 하인을 파는 일 때문에 어을우동의 집에 가서는 직접 값을 흥정하기를 청하였다. 어을우동이 나와서 박강창을 보고는 먼저 꼬리를 쳐서 간통하였다. 어을우동은 그를 가장 사랑하여 팔뚝에다 또 이름을 새겼다.

이근지李謹之란 자는 어을우동이 음행을 좋아한다는 소문을 듣고 간통하려고 하였다. 직접 그의 집 앞에 가서 방산수의 심부름 온 사람인 것처럼 사칭하였다. 어을우동이 나와서 이근지를 보고는 와락 붙잡아 들여 간통하였다.

내금위內禁衛 구전具詮은 어을우동과 담장을 사이에 두고 살았다. 하루는 어을우동이 정원에 있는 것을 보고 담을 뛰어넘어 들어가 서로 붙들고 옆방으로 들어가서 간통하였다.

생원 이승언李承彦은 일찍이 집 앞에 서 있다가 어을우동이 걸어가는 것을 보고 그 계집종에게 물었다.

"지방에서 뽑아 올린 새 기생이냐?"

계집종이 말하였다.

"그렇습니다."

이승언이 뒤를 따라가며 희롱도 하고 말도 붙이다가 어울우동의 집에 이르렀다. 침실에 들어가 비파를 보고서 가져다가 탔다. 어을우동이 이름을 묻자 대답하였다.

"이생원李生員이오."

어을우동이 말하였다.

"서울에 이생원이 얼마나 많은데 어찌 그 이름으로 누군지 알겠습니까?"

이승언이 답하였다.

"춘양군春陽君: 효령대군의 손자의 사위 이생원을 누가 모르는가?"

마침내 함께 밤을 보냈다.

학록學錄: 성균관에 둔 정9품 관직 홍찬洪璨이 처음 과거에 급제하여 유가遊街: 과거 급제자가 광대를 앞세우고 풍악을 울리면서 거리를 돌던 일를 하다가 방산수의 집 앞을 지났다. 이때 어을우동이 살며시 엿보았는데 간통하고 싶은 마음이 생겼다. 그 뒤에 길에서 만나자 소매로 홍찬의 얼굴을 슬쩍 건드렸고 마침내 홍찬이 어을우동의 집으로 가서 간통하였다.

서리署吏 감의향甘義享이 길에서 어을우동을 만나자, 희롱하며 따라가서 간통하였다. 어을우동이 그를 사랑하여 또 등에다 이름을 새겼다.

밀성군密城君: 세종의 다섯째 서자 이침(李琛)의 종 지거비知巨非가 이웃에서 살았는데 어을우동과 간통할 틈을 노리고 있었다. 어느 날 새벽에 어을우동이 일찌감치 나가는 것을 보고 위협하며 말하였다.

"부인께선 어찌 밤을 틈 타 나가시오? 내가 크게 떠들어 이웃마을 사람들이 모두 알게 되면 장차 큰 옥사가 일어날 것이오."

이에 어을우동이 두려워하며 안으로 불러들여 간통하였다.

어을우동이 감옥에 있을 때 방산수 이난이 옥중에 갇혀 있으면서 말했다.*

"예전에 유감동俞甘同이 많은 사내들과 간통했지만 극형을 받지 않았다. 그러니 너도 사통私通한 바를 숨김없이 말해라. 간통한 사내들이 많으면 극형을 면할 수 있을 것이다."**

이로 인해 어을우동이 간통했던 사내들을 죄다 열거하였다.

방산수 이난이 말하였다.

"어유소는 전에 어을우동의 이웃집에 피접避接: 사람이 병이 들었을 때 살던 집을 피하여 다른 곳으로 옮겨 요양하던 풍습한 적이 있습니다. 어유소가 은밀히 사람을 보내 집으로 불러들여 사당祠堂에서 간통하고, 뒤에 만날 것을 기약하며 옥가락지를 주어 정표로 삼았습

* 조선시대의 감옥은 미결수들을 형이 확정되기 이전까지 임시로 가두어 두는 곳(오늘날의 구치소)이었다. 죄인에 대한 형벌 역시 태나 장으로 볼기를 치거나, 일정 기간 노역에 처하거나, 종신 유배형을 내리거나, 심하면 사형에 처하는 것이지 감옥에 가두어 두는 징역형은 없었다. 옥사 내부에서 죄인들은 성별에 따라 다른 칸에 분리 구금되었지만 모두 뚫린 창살 구조였기에 옆 칸에 있는 사람과 이야기 나눌 수 있었을 것이다.

** 세종 9년(1427) 8월 19일 유감동이 사헌부에 끌려왔는데 조정에서 일하는 자 중에서 그녀와 간통한 사내가 6명이었다. 신문을 해 나감에 따라 8월 20일에는 그 수가 9명이 더 늘어났고 8월 30일에는 15명, 9월 2일에는 9명이 추가로 나타나 결국 간통한 벼슬아치 숫자만 39명에 이르렀다. 형벌을 정할 때 사헌부에서는 유감동을 극형에 처하고 연루된 자들을 강하게 처벌해야 한다고 주장했지만 세종은 유감동을 살려주고 곤장을 때린 후 변방에 유배시키게 하고 간통한 자들 역시 여러 가지 이유를 대며 형을 감면해 주었다. 방산수 이난은 이 일을 두고 말한 것이다.

니다. 김휘는 어을우동을 사직동에서 만나 길가의 집을 빌려서 정을 통하였습니다."

방산수 이난이 어유소·노공필·김세적·김칭·김휘·정숙지 등의 이름을 댔으나, 이들은 증거가 없어 혐의를 벗게 되었다.

어을우동의 어미가 일찍이 말하였다. "세상에 정욕이 없는 사람이 있겠는가? 다만 내 딸이 남자에게 미혹되는 것이 너무 심할 뿐이다."이 말을 듣고 사람들이 어을우동의 어미 정씨도 음란했을 것이라고 의심하였다.

_ 성종 11년(1480, 경자) 10월 18일

5-7. 여승도 절에 올라가지 못하게 하다

사헌부 대사헌 서거정 등이 상소하였다.

"일전에 여승들의 죄를 심문하기를 청하였습니다. 엎드려 성상의 교지를 받들건대, '부녀자가 절에 올라가는 것을 금하는 것은 『경국대전』經國大典에 실려 있으나, 여승들은 기록되어 있지 않다'라고 하셨습니다. 신들이 생각건대 이미 부녀자라고 했으니 여승도 그 조항에 해당됩니다. 게다가 절에 올라가는 것을 금지하는 것은 그 뜻이 남녀를 구분하는 데 있습니다. 여승[尼]을 중[僧]들과 구분하여 말하지 않는다면, 그들이 모두 불도佛道를 추구하며 복장이 같기 때문에 뒤섞여 있으면 구별할 수가 없습니다. 그러니 이들을 함께 지내게 해서는 안 됩니다.

근년 이래로 습속이 날로 변해 여승의 무리들이 점차 많아지고 있습니다. 궁벽한 마을 곳곳에 사당을 세우고 무리를 모아 널리 포교하고 있으니 잘못된 길에 빠진 처녀들, 지아비를 저버린

모진 부인들이 모여듭니다. 죽은 자의 넋을 극락으로 인도한다느니 명복을 빈다느니 하는 핑계를 대면서 머리를 깎고 절에 몰래 투신하는 자가 얼마인지 알 수 없습니다. 그들의 행동을 살펴보건대, 정성껏 불도佛道를 행하는 자는 백에 한두 사람도 안 되고, 대부분 예법을 벗어나 제멋대로 음란한 행동을 할 뿐입니다.

여인들이 어째서 중이 되려 하는가. 부인들이 거처하는 곳은 사방에 보는 눈이 많고, 모시는 노비들이 앞뒤에 있습니다. 따라서 정욕情慾을 마음대로 풀어보고 싶어도 사람들의 이목 때문에 어렵습니다. 하지만 집을 나가면 중과 여승의 구분이 없고 복장이 같아 서로 뒤섞입니다. 종들을 물리치고 친척과 인연을 끊어 출입에 방해를 받지 않으니 마음대로 행동하기가 어찌 만 배나 더 쉽지 않겠습니까?

부끄러움을 모르고 추한 행동을 하는 부녀자는 그 심복들과 결탁하여 '연등에 불을 켠다, 천도薦導한다, 불경을 번역한다'라고 말하며 사찰을 두루 돌아다닙니다. 열흘씩이나 유숙하면서 방탕하게 지내다 집으로 돌아갈 것을 잊어버리기도 합니다. 이처럼 음행을 저지르니 추악하고 더러운 소문이 자자합니다. 지금 거리에서 떠도는 이야기나 마을에서 논하는 것을 들어보면, 아무 여승은 모씨某氏인데 아무 중과 함께 살면서 '정니'淨尼: 행실이 깨끗한 여자 중라고 부르지만 실제로는 탕녀蕩女입니다. 아무 중도 고승高僧: 불법이 높은 남자 중이라고 하지만 실제로는 음부淫夫입니다. 여자가 중의 절에 가고 중이 여자의 집에 가면서도 그것을 비밀리에 합니다. 누구든 이 사실을 알게 된다면 이를 갈게 될 것입니다.

그러나 간통하는 장소에서 붙잡은 것도 아니고 또 자기 집 일도 아니니 누가 찾아내어 고소할 것이며, 그들의 죄를 증언해서 원망을 부르고 화를 사겠습니까? 이것이 중과 여승들이 사람들의 말을 귀담아 듣지 않고 음란한 행동을 거리낌없이 하는 까닭입니다. 이것이 어찌 큰 문제가 아니겠습니까?

지금 절에 올라가는 것을 거듭 엄하게 금한다고 하더라도, 날로 그 죄를 범하는 자가 늘어날까 두렵습니다. 더군다나 여승들의 출입을 금하지 않는다면, 이 말세의 폐단을 앞으로 어찌하겠습니까? 신들은 지난날 도징道澄, 설연雪然과 같은 무리가 정인사正因寺와 성불사成佛寺에 이미 숨어들어 있을까 염려합니다.* 전하

* 성종 4년(1473) 7월 16일에는 한때 훈신(勳臣: 공을 세운 신하)의 아내였던 윤씨가 머리 깎고 여승이 되어 사대부 집안 부녀자들을 유인하여 성불사, 정인사 등의 절을 왕래하면서 이틀 밤을 잔 것이 문제가 되었다. 특히 정인사 주지였던 설준(雪俊)은 여승과 과부들을 수일 동안 절에 머무르게 하고 승도들로 하여금 절의 출입문을 지키게 하면서 양반 부녀자를 모시는 노복들의 출입을 막았다. 서거정은 이때 정인사·성불사 주지가 이렇게 풍속을 어지럽힌 일이 태종 때 금산사·와룡사 주지였던 도징·설연이 여러 계집종을 간음했던 일과 크게 다르지 않다고 보는 입장인 것이다.

께서는 밝게 결단하시고 지금의 어지러운 풍속을 통찰하시어 하루 빨리 조치하셔야 할 것입니다. 청컨대 위에 열거한 중과 여승들을 국문하여 벌을 내리시어 온 나라 백성들의 울분을 풀어 주소서."

정창손이 아뢰었다.

"부녀자가 절에 올라가는 것을 금지하는 것은 『경국대전』에 실려 있으며, 여승도 또한 부녀자입니다. 정인사正因寺는 선왕先王의 능침陵寢: 무덤 가까이 있는 절로, 제사를 지내기 전에 재계齋戒하는 곳입니다. 그런데 주지住持인 설준雪俊*이 사대부 집안의 부녀자들을 불러 모아서 음란한 행동을 하며 거리낌이 없었으니, 그 죄가 매우 무겁습니다. 당장 국문하지도 않고 다만 법을 살펴보라고만 하시니 마음이 편치 않습니다.

비록 재상과 종친일지라도 죄를 범한 사실이 있다면 벌을 주어야 합니다. 무거운 죄라면 옥에 가두고 가벼운 죄라면 심문하여 범죄 사실을 기록하게 한 다음 벌을 주는 예가 있습니다. 그

* 성종 3년(1472, 임진) 11월 3일 사간원에서 정인사의 주지 설준을 문초하기를 청했다. 설준은 사대부가의 아들로 젊어서 머리를 깎고 중이 되었다. 안평대군 문하에서 글을 배웠는데, 불경을 필사한다는 핑계로 마을에 출입하면서 계율을 범한 일이 많았다. 왕이 문초하기를 허락하지 않았는데 그 뒤로 여승과 부녀자들을 절에서 지내도록 해서 이때 다시 죄주기를 청하게 되었다.

런데 지금 법 조항을 살펴보라 하시면서 벌을 내리지 않는 것은 옳지 못합니다.

또 지금 절에 올라가는 여승들이 스승을 천도薦導하기 위한 것이라 하여 죄를 주지 않는다면, 이후 사대부의 부녀자들도 죽은 부모와 지아비를 천도한다고 말할 것입니다. 이렇게 되면 절에 올라가는 부녀자를 금하기가 어렵게 됩니다.

청컨대 사헌부에서 아뢴 대로 엄하게 징계하고 뒷사람들에게 경계가 되게 하소서. 아울러 설준을 잡아다 심문하여 벌을 내리시는 것이 마땅합니다."

이에 임금이 명하였다.

"법을 세우지도 않고 죄를 주는 것은 옳지 않다. 여승이 절에 올라가는 것을 금지하는 조항을 『경국대전』에 기록하는 것이 좋겠다."

_ 성종 4년(1473, 계사) 7월 18일

5-8. 왕실 여인들, 불교를 비호하다

두 대비, 금승법에 반대하다

영돈녕永敦寧 이상의 대신들과 의정부, 대간, 홍문관 관원을 빈청에 모이게 했다. 양대비전兩大妃殿: 인수대비와 인혜왕대비에서 내린 언문편지를 승지로 하여금 번역하게 해서 이것을 의논하게 하였다. 그 편지는 이러했다.

"우리 두 사람은 부귀를 누리지만 나라의 공적인 일에는 참여하지 못합니다. 그렇지만 중[僧]이 되는 것을 금하는 법이 지나치게 엄중한 나머지 중들이 모두 도망해 흩어지고 있습니다. 그로 인해 왕실의 안녕을 기원하는 사찰까지 텅 비게 되면 도적이 들까 염려스러워 말을 하지 않을 수 없습니다.

선왕先王의 뜻을 잘 계승하는 것이 바로 제왕의 아름다운 덕입니다. 별다른 폐단이 없는데도 선왕의 뜻을 허물어뜨리는 것이 옳겠습니까? 새로운 법을 시행하는 데에는 반드시 기한을 정해서 만백성이 알게 한 다음에 해야 할 것입니다. 불법佛法을 행한 것은 오늘날 시작된 것이 아닙니다. 한漢나라·당唐나라 이후로 유교와 불교가 아울러 행해졌고 도승度僧: 도첩을 가진 자만 중이 될 수 있는 제도의 법이 『경국대전』에 실려 있습니다. 이것을 하루아침에 갑자기 개혁하니 비록 법에 의해 머리를 깎은 자일지라도 도첩度牒* 없이 국가의 부역을 피하는 자로 몰려 부역에 끌려가고 있습니다. 사찰의 주지와 사승師僧은 물론이고 절의 책임자에게까지 역役을 부과하니, 이는 백성을 속이는 것입니다. 역대 제왕이 어찌 불교를 배척하려고 하지 않았겠습니까? 그러나 지금까지 근절시키지 않았으니, 이는 민심이 요동칠까 우려하여 그 삶을 안정시키고자 한 것입니다.

우리나라가 비록 작을지라도 갑옷과 무기가 굳세고 날카로우니 족히 천하의 군사를 대적할 만합니다. 지금 좀도둑 같은 몇 사람의 악인 때문에 태조 이래의 오래된 법을 무너뜨리는 것이 옳겠습니까? 북쪽 국경 주변의 땅에도 중이 된 자가 있습니다.

* 도첩(度牒) : 조선 초기의 억불(抑佛) 정책으로 나라에서 중에게 발급하던 일종의 신분증명서. 양반은 1백 필, 평민은 150필, 천인은 200필의 포를 바치고 발급받았는데 죽거나 환속(還俗)하면 돌려주었다. 이는 각종 부역에 종사해야 할 장정이 함부로 중이 되는 것을 막기 위한 것으로 나라의 군정(軍丁)과 인적 자원을 지키는 방편이었다.

만일 야인野人들이 우리나라에 군정軍丁: 군역에 나갈 성인 남자이 부족해서 사람들이 중이 되는 것을 금한다는 말을 듣게 된다면 이는 저들에게 약한 모습을 보이는 일입니다. 대신들이 깊이 생각해 처리한 것이겠지만 우리는 적절치 못하다고 생각합니다.

또 중국에는 절이 있을 뿐만 아니라 일반 백성들의 집에도 모두 불당佛堂이 있다고 들었습니다. 이처럼 불교를 숭상하는데도 오히려 오랑캐를 잘 막아내고 있습니다. 한데 우리나라에서 얼마 안 되는 악인을 염려해 법을 바꾸는 것이 옳겠습니까?

『경국대전』에 '중이 되어 석 달이 지나도록 도첩度牒을 받지 못한 자는 옆집 사람까지 죄를 준다'고 했으니 이 법으로 이미 충분합니다. 서울에서 도첩이 없는 중들을 잡아들일 때 당상관과 낭청郎廳이 살피는데도 담당 관원들이 법을 어겨 소요를 일으키고 있습니다. 하물며 지방의 하급 관원들로 하여금 중들을 모두 잡아서 고하게 하면 이 무리들이 어찌 법에 의하여 하겠습니까? 도첩이 있고 없음을 감안하지 않고 중들이 가진 물건은 물론이고 입고 있는 옷까지 뺏을 것입니다. 늙은 중은 오로지 제자에 의지하여 양식을 얻어 겨우 연명하고 있는데, 이와 같이 한다면 모두 굶어 죽게 될 것입니다. 이것이 어찌 화기和氣를 손상시키지 않겠습니까?

임금은 하늘을 대신하여 만물을 다스려서 곤충과 초목까지도 각각 그 삶을 얻게 해야 합니다. 그런데 중이 된 자를 곤궁하게 만들어 원망을 품게 만든다면 정치가 어찌 되겠습니까? 우리나라 땅은 산과 하천이 반이 됩니다. 깊은 산중에는 중이 있기 때문에 도적이 발을 붙이지 못합니다. 만약 중의 무리가 없어 산골짜기가 비게 되면 도적이 근거지로 삼을 것이니, 훗날 중으로 하여금 절에 살게 하는 법을 다시 세워야 할 것입니다.

나라가 안정되는 것은 아름다운 일입니다. 비록 귀한 손님은 없다고 하지만 왜인倭人, 야인野人들의 왕래가 끊이지 않습니다. 그런데 붙잡힌 승도僧徒들이 길에 가득한 것을 저들이 본다면 뭐라고 하겠습니까? 이는 딱하고 민망스러운 일인데 조정에서는 그것을 알지 못하고 있으니 이른바, '임금의 대문은 천리보다 멀다'고 하는 것입니다.

군사와 관청의 노비는 모두 60세가 되면 군역을 면제합니다. 중이 비록 도첩이 없을지라도 60세가 된 자를 어디에 쓰겠습니까? 나이를 따지지 않고 역役을 정하고 군대에 보내면 심히 소란스러울 것입니다. 그러면 왕실에서 올리는 수륙재水陸齋: 물과 육지의 영혼을 극락으로 이끄는 불교의식에 쓰이는 절의 집기와 물건들이 도적의 것이 될 것입니다. 비록 수륙재 지내는 일을 맡은 중이 있을지라도 어디서 그 물건들을 다시 얻겠습니까?

세조대왕께서 평소에 말씀하셨습니다. '난신亂臣: 반역한 신하에

연좌된 사람은 자기가 범한 것이 아닌데도 천역賤役에 동원되니 억울해한다. 이는 반드시 화기和氣를 상하게 할 것이다. 왕과 왕후의 친인척들은 모두 방면하고 용서하라.' 이는 우리들의 망령된 말이 아니니 영의정 노사신도 함께 들었습니다.

모든 것을 『경국대전』에 의거하여 다스리소서. 각각 그 맡은 바 임무를 안정적으로 수행하도록 하며, 법을 어긴 자 역시 『경국대전』에 의거해 죄를 주어 뭇사람의 마음을 안정시키소서. 중이 절을 지키게 하여 선왕과 선대 왕비의 수륙재를 차질 없이 지낼 수 있게 된다면 매우 다행일 것입니다."

_ 성종 23년(1492, 임자) 11월 21일

신하들의 청을 직접 물리치다

허종과 유지가 창경궁에 나아가서 두 대비께 아뢰었다.

"요즈음 중이 되는 것을 금지하는 영令을 새로 만들었는데 성상께서 이것을 해제하라고 하셨습니다. 이 명이 옳지 못하다는 의견이 많고* 조정이 이 논쟁으로 매우 시끄럽습니다. 신은 모든

* 성종 23년 승려가 되는 것을 금지하는 금승령(禁僧令)을 내렸는데 11월 21일에 두 대비가 언문편지를 내려 거기에 반대했다. 법령을 반포했다가 폐지하는 것과 대비가 정

신하들의 우두머리로 있으면서 마음이 편치 않아 감히 대비전으로 와서 아룁니다.

신들이 듣건대 세종께서 말년에 내불당內佛堂을 지으셨으나 좋은 일이 없었고, 세조께서도 불교를 더욱 신봉하셨으나 오래 사시지 못했으며, 예종께서도 믿으셨으나 일찍 돌아가셨습니다. 그러니 부처를 섬겨 유익함이 없다는 것은 멀리까지 살펴 볼 필요도 없습니다. 이제 대간이 주상께서 간언을 거절하신다고 역사에 기록한다면 후세에서 뭐라고 하겠습니까?

더구나 이 새로운 영은 『경국대전』을 거듭 밝힌 것뿐입니다. 관리가 된 자가 『경국대전』을 잘 받들어 행한다면 이 영은 세울 필요가 없습니다. 다만 관리들이 받들어 행하지 않기 때문에 그것을 특별히 언급한 것입니다. 대간과 신하들 모두가 금승법을 세운 지 얼마 되지도 않았는데 고치는 것은 적절하지 않다고 말합니다. 이에 논쟁을 계속하니 매우 시끄럽습니다. 신들이 생각하기에 조정의 의논을 두 분 대비께서 혹시 모르실까 염려하여 감히 와서 아룁니다."

두 대비가 말하였다.

"내관이 우리의 뜻을 명확하게 전하지 못할 것이니 장차 글로

사에 간여하는 것이 옳지 못하다며 많은 신하들과 유생들이 격렬하게 반발했다.

써서 보이겠다."

드디어 언문 교지를 내렸는데 그 내용은 이러했다.

"우리들은 선왕先王의 법이 하루아침에 허물어지는 것을 마음 아파했는데, 민심 또한 요동치고 있다.『경국대전』에 있는 법으로도 충분히 부역을 담당할 자들을 충당할 수 있다. 이에『경국대전』을 따르도록 청하였는데 일이 이렇게 될 줄은 생각지도 못했다. 조정이 안정되지 못한 것은 우리들도 근심하는 바이다.

임금이 의견을 듣는 이유는 모든 신하들이 각각 자신의 뜻을 말하게 하려는 것이다. 하나 대간들이 자신들의 뜻에 맞지 않으면 번번이 공격해서 임금으로 하여금 바른 의견을 듣지 못하게 한다. 이는 합당하지 않다. 대간들은 직설적이고 격렬하게 말하지 않으면 임금의 마음을 움직이지 못할까 하여 실정보다 지나치게 지적하는 경향이 있다. 대간이『경국대전』에 따르자는 의견을 낸 대신들을 가리켜 '나라를 망하게 하는 신하'라고 배척하는 데 이르렀다. 그러니 경들도 대간들을 두려워해서 여기까지 온 것이 아닌가?

대관절 선왕의 법을 따르다가 나라를 망하게 한 적이 있던가? 태종께서 사찰의 토지와 노비를 혁파하셨지만 승도僧徒는 지금까지 그대로 두셨다. 세종께서 승도가 서울에 들어오는 것을 허락하지 않으셨지만 교종과 선종 양대 종단은 그대로 유지하게 하셨다. 다만 법을 어기고 중이 되는 것만 문제 삼으셨다. 이제 갑자기 도첩을 주던 법을 폐하고 또한 곳곳에서 승도를 잡아들여 단속하니 그 각박함이 지나치다. 이 때문에 우리들이 『경국대전』에 있는 법을 그대로 따르기를 청한 것이다."

허종 등이 와서 임금께 아뢰었다.

"신들이 두 대비전에 아뢰었으나 허락를 얻지 못하였습니다."

임금이 말하였다.

"경들이 일찍이 내가 아뢰지 않았다고 하더니, 이제는 내가 두 대비께 아뢰어도 소용이 없었다는 것을 알 수 있을 것이다."

_ 성종 23년(1492, 임자) 12월 2일

5-9. 왕자와 공주들을 여염에서 기르다

임금이 직접 전교傳敎를 지어 예조에 명하였다.

“임금이 아이들을 많이 낳아 궁중에서 다 기르지 못할 때 민가民家에서 기르게 한 것은 개국 이래로 해오던 일이다. 그런데 유모들은 아이들이 편안하고 불편한 것을 살피지 않고, 오직 자기 몸에 이롭고 해로운 것만을 생각한다. 아이를 부탁한 집에서 유모에게 후하게 대접하면 ‘이곳에서 오랫동안 기를 만하다’고 아뢰고, 박하게 대접하면 ‘아이들을 기를 만하지 않다’라고 고한다. 제 잇속만 챙기는 것을 내 어찌 모르겠는가?

또한 제왕의 자식이 장성하면 살 집과 토지, 노비들이 내려진다. 그러니 아이들의 생계를 꾸릴 때 의탁한 집의 재물과 노비에 의존할 필요가 없다. 그런데 무지하고 천한 것들이 이런 것을 생각지 못하고 있다. 유모들이 망령되게 뒷날을 대비하여 아이를 기른다는 명목으로 여러 가지 거짓 이유를 대면서 의탁한 집의 재물을 빼앗는다. 이는 매우 옳지 못하다. 게다가 유모들 또한 나라의 녹을 받고 있다. 그런데 어찌 의탁한 집의 재산까지 탐한단 말인가? 이제부터 아이를 부탁받은 집에서는 유모에게 물품을 절대 주지 말도록 하라. 만약에 훗날에라도 드러난다면 받은 사람뿐만 아니라 물건을 준 사람과 담당 관리까지 아울러 죄를 줄 것이다. 나의 아이를 맡아 키우겠다고 자원하여 잘 길러주는 자는 그 공을 높이 살 것이니, 나의 뜻을 신하들과 백성들에게 널리 알려라."

_ 성종 11년(1480, 경자) 9월 1일

임금이 명하였다.

"나의 아이가 많아* 도성 안의 민가에서 맡겨 키우니 사대부의 식솔들이 모두 싫어한다. 한양의 오부五部: 조선시대 한양을 중부·동부·서부·남부·북부로 나눈 다섯 구역의 관청로 하여금 각 부部마다 다섯 집씩 부유한 평민의 집을 고르거나 혹은 자원하게 해서 아이 기를 곳을 대비하게 하라."

* 이성무의 『조선국왕전』에 나온 성종 가계도를 살펴보면 성종은 정비 3명, 후궁 10명에게서 아들 20명(4명 조기사망), 딸 14명(4명 조기사망)을 낳았다. 일찍 죽은 아이들을 제외하면 16명의 아들과 10명의 딸을 길러야 했을 것이다.

사관은 논평한다. "궁궐 내에서도 양육할 수가 있다. 그런데 꼭 민가에서 자라게 하려고 부호富戶를 찾아 모으니, 어찌 그 폐단이 없겠는가?"

_ 성종 15년(1484, 갑진) 2월 25일

임금이 말하였다.

"아이들을 사헌부 감찰 원치元菑의 집에 맡기려고 했다. 원치가 집에 병든 사람이 있다고 하면서 거절하였다. 아이들이 한 집에서 오래 살지 못하고 자주 옮겨 다니다 보니 이같이 핑계 대는 자가 나오게 된 것이다. 내가 국문하려고 했지만 그가 조정의 관리이기 때문에 그만두었다."

승정원에서 아뢰었다.

"지금 전하의 말씀을 들으니 뜻밖의 일이라 놀랍기 짝이 없습니다. 비록 무식한 자라 하더라도 차마 못할 짓인데 하물며 조정의 관리이겠습니까? 청컨대 원치를 국문하여 뒷사람들이 경계하게 하소서."

이에 임금이 말하였다.

"경들의 말이 옳다. 그러나 이는 자주 있는 일이 아니니, 내버려두고 묻지 않겠다."

사관은 논평한다. "당시에 여러 군君과 옹주翁主가 많아서 민간에 흩어져 살았다. 보모·궁인·내관의 비용을 아이를 맡은 집에서 대야 했기 때문에 부잣집을 골라 아이들을 맡게 했다. 아이들을 잘 대우한 자는 대부분 작위를 얻었으니, 성건成健·송철산宋鐵山 같은 자가 그 경우다.

_ 성종 19년(1484, 갑진) 4월 7일

5-10. 뛰어난 의술을 숨기려 한 자, 위험에 빠지다

평안도 중화군中和郡에 사는 정병正兵: 양인 농민이 군역에 의해 복무하고 상태 황을黃乙과 그 아우 황말동黃末同이 고독蠱毒: 뱀이나 두꺼비, 지네 독으로 만든 독약에 중독된 사람을 잘 고쳤다. 임금이 그 이야기를 듣고 역마를 보내 서울로 올라오게 했는데, 치료 효과가 컸다. 임금이 그 해독법을 널리 전하고자 하여 여자 의원으로 하여금 배우게 했다. 그리고 말하였다.

"네가 상세히 가르쳐서 그것을 배워 익힌 의원이 신묘한 비법을 갖추게 된다면 너희 집안의 세금과 부역을 면제해 주겠다."

그러나 황을과 황말동은 해독법을 감추려고 제대로 가르치지 않았다. 임금이 불러서 물어도 곧이곧대로 아뢰지 않고 속인 것이 많았다. 이에 임금이 말하였다.

"황을 형제가 해독법을 가르쳐서 의원들이 익히게 되었다면 그 자신뿐만 아니라 자손 대대로 세금과 부역을 면제해 주려 하였다. 그러나 지금 그 형제가 해독법을 감추려고 속이는 바가 심하니, 의금부에 넘겨 고신拷訊: 자백을 받기 위하여 고문을 행함을 한 다음 아뢰도록 하라."

_ 성종 16년(1485, 을사) 3월 11일

임금이 말하였다.

"본래 고독蠱毒을 만드는 자들이 해독법을 알면서도 감춘다고 한다. 황을과 황말동 형제가 고독을 만드는 자가 아닌지 의금부에서 심문하도록 하라."

경력經歷: 종4품 관직으로 충훈부와 의금부 등에서 행정실무를 맡았음 이종연李宗衍이 아뢰었다.

"황을이 말하는 해독약은 황말동이 아니라고 하고, 황말동이 말하는 해독약은 황을이 틀렸다고 합니다. 게다가 약을 먹는 방법까지 서로 다르게 말합니다. 하여 의금부의 관원들 또한 그들이 고독을 만드는 무리가 아닐까 의심합니다."

이에 임금이 말하였다.

"말하는 바가 정직하지 않으니, 필시 고독을 만드는 자일 것이다. 그것에 대해 형신刑訊: 형장으로 치면서 심문하는 것하도록 하라."

_ 성종 16년(1485, 을사) 3월 17일

우승지 권경희權景禧가 아뢰었다.

"제주의 의녀醫女 장덕張德은 충치를 치료하고 코와 눈 주위에 난 온갖 부스럼을 없앨 수 있었습니다. 장덕이 죽기 전에 자기 집 여종 귀금貴今에게 의술을 전해 주었습니다. 나라에서는 귀금을 면천免賤시켜 여의女醫로 삼아 그 의술을 널리 전하고자 했습니다. 두 사람의 여자 의원으로 하여금 귀금을 따라다니게 하였는데, 귀금이 자기가 익힌 의술을 전부 전하지 않았습니다.

전에 황을이라는 자가 고독을 잘 다스렸는데, 그 해독법을 숨기고 있다가 세 차례나 형신을 가한 뒤에야 자백했습니다. 두 여자 의원 중에서 분이粉伊가 귀금의 의술을 약간은 배웠으니 황을의 경우처럼 완전히 숨기고 있는 것은 아닙니다. 하지만 그 의술을 모두 전하지 않았으니 청컨대 귀금을 고신하게 하소서."

이에 임금이 귀금을 불러서 물었다.

"여자 의원 두 사람에게 의술을 전수하라고 했는데, 네가 숨기고 모두 전해 주지 않았다고 한다. 네가 치료법을 숨기고 이익을 독차지하려고 하는 것이 아닌가? 만일 끝까지 숨긴다면 고문을 가할 것이다. 당장 사실대로 고하라."

귀금이 아뢰었다.

"제가 일곱 살 때부터 이 의술을 배우기 시작해서 열여섯 살이 되어서야 다 익힐 수 있었습니다. 제가 마음을 다해 가르치지 않은 것이 아니고 그들이 아직 익히지 못한 것일 뿐입니다."

_ 성종 23년(1492, 신해) 6월 14일

참고자료 | 조선왕조실록 속 관직명

간관諫官 : 사간원(司諫院)과 사헌부(司憲府)에 속하여 임금의 잘못을 간(諫)하고 백관(百官)의 비행을 규탄하던 벼슬아치.

감역관監役官 : 조선시대 선공감(繕工監)에 두었던 종9품 관직으로, 궁궐과 관청의 건축 및 수리 공사를 감독하였다.

경력經歷 : 종4품 관직으로 조선 초기에는 충훈부(忠勳府)·의빈부(儀賓府)·의금부(義禁府)·개성부(開城府)·강화부(江華府)·오위도총부(五衛都摠府)·중추부(中樞府) 등에서 행정실무를 맡아 보았는데, 후기에는 충훈부·의빈부·의금부의 경력은 폐지되고, 오위도총부에는 4명을 증원하고, 강화부와 광주부는 잠시 두었다가 판관으로 바꾸었다.

관찰사觀察使 : 조선시대 문관의 종2품 외관직(外官職)으로 감사(監司)라고도 한다. 지방의 도(道) 또는 부(府)의 장관으로, 병마절도사(兵馬節度使)·수군절도사(水軍節度使)의 무관직을 거의 겸하고 있었다. 조선 초기에는 안렴사, 관찰사 등의 이름으로 자주 바뀌었다가 세조 때부터 관찰사로 명칭이 굳어졌다. 중앙의 명령을 따라 정사를 시행하였지만, 자기 관하의 수령(守令)을 지휘 감독하며 사실상 경찰·사법·징세권을 행사함으로써 지방행정상 절대적 권력을 가졌다. 관찰사의 관아를 감영(監營)이라고 하며, 일반

민정은 감영에 속한 이(吏)·호(戶)·예(禮)·병(兵)·형(刑)·공(工)의 육방(六房)에서 행하고, 이를 지방민에서 선출된 향리로 담당하게 하였다.

교리校理 : 집현전(集賢殿)·홍문관(弘文館: 궁중의 경서와 사적의 관리, 문한의 처리 및 왕의 자문에 응하는 일을 맡아 보던 관청)·승문원(承文院: 외교문서를 담당한 관청)·교서관(校書館: 경적經籍의 인쇄, 반포 및 제사에 쓰이는 향과 축문에 관한 일 등을 관장) 등에 속하여 문필에 관한 일을 맡아 보던 관직으로, 정5품 또는 종5품이었다.

대광보국숭록대부大匡輔國崇祿大夫 : 정1품 문무관(文武官)에게 주던 최고 품계. 정1품의 상계(上階)로서 보국숭록대부(輔國崇祿大夫)보다 상위 자리이다. 1392년(태조 1) 7월 관제를 새로 정할 때 만들어졌으며, 그 처(妻)에게는 정경부인(貞敬夫人)의 작호가 주어졌다.

대사간大司諫 : 사간원의 으뜸 벼슬로 정3품이다. 임금에게 간언하는 일을 맡아 보면서, 다른 사람의 상소를 임금에게 올리는 일도 맡았으므로 학식과 경험이 풍부한 사람이 임명되었다. 아래로 사간(司諫: 종3품), 헌납(獻納: 정5품) 각 1인, 정언(正言: 정6품) 2인을 두었다.

대사헌大司憲 : 사헌부의 으뜸 벼슬로 종2품이며, 정원은 1인이다. 현실 정무(政務)를 논평하고, 모든 관료를 규찰하며 풍속을 바로잡고, 외람되고 거짓된 것을 금하는 등의 일을 관장했다. 아래로 집의(執義) 1인, 장령(掌令)과 지평(持平) 각 2인, 감찰(監察) 13인을 감독하고 통솔하였다. 대사헌 이하 집의·장령·지평까지의 사헌부 소속 관원을 통칭 대관(臺官)이라고 하였는데, 모든 대관은 사헌부의 청환직(淸宦職)으로, 문과 급제자 중 청렴 강직하여 시류에 영합하지 않고, 옳다고 믿는 바를 굽히지 않고 직언할 수 있는 인물이어야 하므로, 승문원(承文院)·성균관(成均館)·홍문관(弘文館) 등을 거친 젊고 기개가 있는 인재들이 임명되었다.

도승지都承旨 : 승정원(承政院)의 으뜸 벼슬. 왕명을 전달하거나 신하들이 왕에게 올리는 글을 상달하는 일을 맡아 보았다.

동지사同知事 : 조선시대 돈령부(敦寧府)·중추부(中樞府)·의금부(義禁府)·경연청(經筵廳)·성균관(成均館)·춘추관(春秋館) 등에서 지사(知事)의 보좌역을 맡았던 종2품 관직.

봉교奉教 : 예문관(藝文館)에 두었던 정7품 관직. 봉교 이하 검열(檢閱)까지를 통칭하여 한림(翰林)이라 하였다.

빈객賓客 : 조선시대에 세자의 교육을 담당하던 세자시강원 소속의 정2품 관직. 정원은 2인으로, 좌빈객과 우빈객 각 1인이 있었으며, 겸관(兼官)이었다.

사직司直 : 조선시대 오위(五衛)에 두었던 정5품 서반 무관직. 봉급을 지급하기 위하여 임명한 관직으로 실무는 없었다.

승지承旨 : 승정원의 정3품 관직. 도승지(都承旨)·좌승지(左承旨)·우승지(右承旨)·좌부승지(左副承旨)·우부승지(右副承旨)·동부승지(同副承旨) 등 여섯 승지를 말하며, 왕명의 출납을 담당하였다. 태종 원년(1401)에 대언(代言)으로 명칭을 바꿨다가 후에 다시 승지로 고쳤다.

시독관侍讀官 : 조선시대 경연청(經筵廳)에 두었던 정5품 관직으로 임금에게 경서(經書)를 강의하였다. 홍문관(弘文館)의 교리(校理)와 부교리(副校理)가 겸직하였다.

영사領事: 조선시대 삼사(三司), 돈령부(敦寧府: 조선시대 종친부에 속하지 않은 종친과 외척을 위해 설치되었던 관서), 경연(經筵), 집현전 (集賢殿), 홍문관(弘文館), 예문관 (藝文館), 춘추관(春秋館), 중추부(中樞府) 등의 으뜸 벼슬.

영춘추관사領春秋館事 : 고려·조선시대 춘추관에 두었던 정1품 관직으로, 영관사(領館事) 또는 영사(領事)라고도 함. 영의정이 겸임하였다.

원상院相 : 조선시대 국왕이 병이 났거나 어린 왕이 즉위하는 등 정상적인 국정(國政) 수행이 어려울 때 승정원에 나와 왕을 보좌하고 육조를 통할했던 임시 관직으로 원임(原任)·시임(時任)의 재상들로 구성되었다.

응교應教 : 홍문관과 예문관의 정4품 관직. 학문 연구와 임금이 훈유하는 명령 글을 짓는 일이 주된 직무였고, 경연관(經筵官)의 일원이 되기도 하였다.

장령掌令 : 사헌부의 정4품 관직. 장령을 포함한 대간은 사헌부의 기간요원이기 때문에 그 직무가 막중하였으므로 소신을 굽히지 않고 직언할 수 있는 강직한 젊은 엘리트들이 임명되었다.

전랑銓郎 : 조선시대 문무관의 인사행정을 담당하던 이조와 병조의 정5품관인

정랑과 정6품관인 좌랑직의 통칭. 특히 여론 기관인 삼사의 관리를 임명하고 자신의 후임을 추천할 수 있었던 이조전랑이 중시되었다.

정언正言 : 사간원의 정6품 관직. 간관으로서 국왕에 대한 간쟁(諫諍)과 봉박(封駁: 임금에게 글을 올려 일의 옳지 아니함을 논박함)을 담당했다. 그러나 실제 임무는 훨씬 폭이 넓어서, 사간원의 다른 관료 및 사헌부·홍문관의 관료와 함께 간쟁·탄핵·인사 등에 대한 언론과 경연(經筵)·서연(書筵)의 참여 및 인사 문제와 법률 제정에 대한 서경권(署經權), 국문(鞫問) 및 결송(決訟) 등에 참여하였다.

좌대언左代言 : 조선 초기 승추부(承樞府)와 승정원(承政院)의 정3품 관직. 왕명의 출납을 맡아 보았다.(→승지 참조)

좌랑佐郎 : 조선시대 육조(六曹)의 정6품 관직으로 정랑(正郎) 다음 직급이었으며, 중견행정 실무자들이었다.

주서注書 : 승정원의 정7품 관직으로, 특히 『승정원일기』의 기록을 담당하였다.

지사知事 : 돈령부(敦寧府: 조선시대 종친부에 속하지 않은 종친과 외척을 위해 설치되었던 관서)·의금부(義禁府)·경연(經筵)·성균관(成均館)·춘추관(春秋館)·중추부(中樞府)·훈련원(訓鍊院)의 종2품 벼슬로, 모두 겸직이었다.

지사간원사知司諫院事: 사간원에 소속된 종3품 관직. 태종 원년(1401)에 문하부 낭사(門下府郎舍)가 사간원으로 독립되면서 직문하(直門下)가 지사간원사로 명칭이 바뀌었다가 세조 12년(1466)에 사간(司諫)으로 개칭하면서 폐지되었다. 법제적으로는 사간원 본래의 업무인 간쟁(諫諍)과 봉박(封駁), 서경(署經) 등의 일을 맡아 보도록 되어 있었으나 실제로는 사헌부와 집현전의 관원들과 함께 언관(言官)으로서 필요에 따라 광범위한 임무들을 수행했다.

지신사知申事 : 조선시대 왕명의 출납을 담당하던 승추부(承樞府)와 승정원의 최고위 관직인 도승지(都承旨)의 별칭이다. 정2품으로 왕명의 출납(出納)을 맡았다.

지중추원사知中樞院事 : 조선 초기 궁궐을 수비하며 군사 기밀을 전달하는 등 군사 관계를 맡았던 중추원의 종2품 관직.

지춘추관사知春秋館事 : 조선시대 춘추관의 차관급 관직으로, 좌의정과 우의정이 겸임하였다.

지평持平 : 조선시대 사헌부의 정5품 관직. 백관의 비위 사실에 대한 탄핵권과 인사 및 법률 개편의 동의 혹은 거부에 관한 서경권(署經權)을 가지고 있었다. 때문에 지평은 이조전랑(吏曹銓郎)과 함께 대표적인 청요직(淸要職: 청빈함이 요구되는 직책)으로 인식되었다.

집의執義 : 사헌부의 종3품 관직. 대사헌(大司憲) 이하 장령(掌令)과 지평(持平)까지의 다른 사헌부 관원과 함께 통칭 대관(臺官)이라 불렸다.

찬성사贊成事 : 고려 후기 첨의부(僉議府)의 정2품 관직으로, 조선 건국 직후인 1392년에는 문하부의 종1품 관직으로 시랑찬성사와 찬성사가 1인씩 두어졌는데, 이후 1414년(태종 14년)에 동판의정부사(同判議政府事)로 개칭되고 같은 해에 다시 좌참찬·우참찬으로 바뀌었다가 다음해에 좌참찬은 찬성으로, 우참찬은 참찬으로 개편되었다.

참의參議 : 조선시대 육조(六曹)에 소속된 정3품 당상관(堂上官)으로 정원은 각 1인씩 총 6명이다. 참판(參判) 다음 직책으로 각 조의 참판과 함께 판서를 보좌하면서도 판서와 대등한 발언권을 지니고 있었다.

판교判校 : 외교문서에 관한 일을 맡아 보던 승문원(承文院)과 경서(經書)의 인쇄 및 발행을 맡아 보던 교서관(校書館)에 각각 두었던 정3품 관리.

판서判書 : 육조(六曹)의 장관으로 정2품 관직이다. 1405년(태종 5)에 설치하여 1894년(고종 31)에 폐지되었다. 개국 초에는 전서(典書)로서 지위가 낮아 정치에 깊이 참여하지 못하였기 때문에 1405년(태종 5)에 판서로 고치고 품계도 정2품으로 올려 의정부에서 관장하고 있던 실권도 물려받았다. 지방 행정·군정·외교 등을 위한 도순문사(都巡問使)·도순찰사(都巡察使)와 중국에 파견되는 각종 사신 및 중국의 칙사를 위한 각종의 지대사(支待使) 등에 차출되었다.

헌납獻納 : 사간원의 정5품 벼슬. 여타의 사간원·사헌부·홍문관 관원과 함께 각종 언론활동을 전개하였다.